Dedicato

a tutti

i **bambini**

del mondo

1

CARO PROFESSORE,

io accuso.

(Caterina Usai)

"Non insegnerai nulla

se chi ti ascolta

non percepirà la tua

emozione nel farlo"

(S.C.)

"Ludendo docere"

(Insegnare divertendo-giocando)

I migliori maestri sono quelli

che ti dicono dove guardare

ma non ti dicono cosa vedere

(A.T)

CARO PROFESSORE,

Io accuso.

Di

(Caterina Usai)

INTRODUZIONE

Le accuse verso alcuni professori, condensate in episodi di vite vissute, che riporto nelle lettere a seguire sono confessioni reali di ragazze, ragazzi e mamme che ho intervistato. Tutti loro desiderano rendere pubblici alcuni episodi accaduti nella speranza che qualcosa cambi finalmente, in meglio, nella scuola e nell'approccio insegnanti-studenti.

Premetto che lo sfogo di cui mi faccio portatrice non è diretto contro tutti gli insegnanti in generale, bensì è volto solamente contro alcuni di loro che con le loro azioni hanno lasciato nei loro allievi talvolta indelebili. Vorrei mettere in evidenza gli insegnanti che maltrattano, umiliano e abusano in svariati modi i propri studenti.
Ora meno fisicamente di una volta, forse, anche se ancora c'è chi lo fa, tuttavia, non si fanno scrupolo di colpire il lato psicologico emozionale, talvolta anche duramente e non senza cattiveria.

Chi è un docente con la D maiuscola, quelli che fanno della loro professione una missione e si comportano correttamente - e non sono pochi per fortuna - e non si riconoscono nelle descrizioni degli insegnanti che seguiranno e nel loro approcciarsi, non deve sentire messo in discussione il suo operato e la sua etica perché sicuramente sta al di fuori dell'orbita di rabbia, di commiserazione, di accuse e del biasimo di chi racconta. La mia completa e profonda comprensione, nonché pieno sostegno, va a loro e, inoltre, anche a tutti quegli insegnanti che, purtroppo al giorno d'oggi, sono a loro volta oggetto di violenze, abusi, minacce, vessazioni, persecuzioni, stalkeraggio e vittime di atti crudeli talvolta persino estremi da parte di studenti violenti, aggressivi, disagiati, teppisti, che chiamare 'studenti' è fin troppo nobilitante. Senza dimenticare le responsabilità, in tali aggressioni, che hanno alcuni genitori che talvolta sono i primi a istigare i figli verso tali comportamenti, con le loro assurde pretese di difendere diritti sacrosanti, anche quando i motivi di rivalsa sono labili o non acclarati e, comunque mai giustificabili. Si schierano a prescindere pretendendo di difendere l'indifendibile. Ciononostante, il modo veloce che uso per questi, importanti e gravissimi problemi non deve sembrare superficialità o leggerezza, è solo che, l'obiettivo del mio breve testo è un altro e tali argomenti meriterebbero certamente una disamina a parte e molto più approfondita che io non posso, né forse sono altezza di fare, comunque soprattutto non in questa sede, e il mio intento è diverso.

Uscendo dalle nostre bolle quotidiane, talvolta troppo chiuse, personali ed egoistiche e osservando con attenzione lo scenario scolastico dell'ultimo periodo non può non colpire come i tempi, a vari livelli, abbiano inferto molteplici e ripetuti cambiamenti soprattutto nelle ultime decine di anni e come il teatro scolastico in alcuni luoghi è passato da quello classico a scenario di guerra. È stato fatto un salto, o due, generazionale e caratteriale che ha portato a un cambiamento sostanziale dello stereotipo dal professore – del genitore e dello studente-. Sempre senza generalizzare ricordiamo l'insegnante di una volta: rigido, dittatoriale, freddo, distaccato, egoista, severo, solo incentrato sul suo ruolo d'insegnante in un solo verso. Quello che urla, pretende, punisce, quello che, per intenderci, metteva gli studenti su un piano inferiore perché 'ignoranti', relegandoli a un ruolo passivo di auditore, tenendoli in una sorta di sudditanza fisica e soggezione emotiva, volto più che altro a insegnare nozionistica, arrivando talvolta anche a infliggere sanzioni corporali, come succedeva, e non raramente, ai miei tempi.

Il tipo di insegnante di allora era incentrato sulla sua lezione privando il resto di empatia ed emozioni, fin troppo reciso e poco elastico nell'esercitare il proprio ruolo. Non lasciava molto spazio al coinvolgimento dello studente né alle sue idee o al dibattito quasi che il rigore, il distacco e l'estrema severità fossero sinonimo di buon insegnamento.

Arriviamo al periodo attuale e a un insegnante sostanzialmente differente, più moderno, variegato e aperto, a seconda dei casi più coinvolto e molto dedito agli studenti o più menefreghista, freddo e assente che li vede solo come dei numeri e non come persone da formare e, anche, capire oltre le apparenze. Passiamo ai genitori -una minoranza per fortuna - che si servono di un atteggiamento del tutto speculare agli insegnanti di un tempo, non verso i figli bensì proprio nei confronti dei professori e li attaccano su ogni fronte a ragione oppure anche no. Chissà, forse, fanno parte di quelle persone che, a suo tempo, hanno subito sulla propria pelle degli abusi e, di rimando, quasi per rivalsa o vendetta, ora si comportano alla stessa maniera nei riguardi dei docenti dei propri ragazzi reiterando a fotocopia quello che hanno subito loro.

Si trincerano dietro la giustificazione, spesso labile, di agire in difesa dei loro figli contro le ingiustizie che talvolta subiscono, armati di diritti che sventolano, invocano e difendono a gran voce. No, purtroppo, non sempre solo a gran voce, in realtà, spesso gli urli sono accompagnati da pugni, ritorsioni materiali, denunce, istigazione e ben altro. Azioni, o reazioni, non sempre motivate né con cognizione di causa. Genitori incuranti, a volte, di approfondire gli episodi riportati dai ragazzi o usare un attimo del loro tempo per soppesare da che parte stia veramente il torto. Spesso partono solo dal presupposto che i figli siano stati vessati e trattati ingiustamente anche loro e senza soffermarsi a porsi ulteriori domande di alcun tipo attaccano lancia in resta e partono verso la scuola per la crociata pro-figli.

I molteplici episodi di questo tipo, accaduti negli ultimi anni, sono sotto gli occhi di tutti, i media non esitano a proporceli con dovizia di particolari, non si sa bene se per mettere in evidenza i comportamenti abusanti di genitori e figli nei confronti dei docenti o se per sottolineare le mancanze degli insegnanti e dunque in una sorta di appoggio ai primi.

Spesso i genitori atteggiandosi a parte offesa, non considerano che i diritti stanno da entrambe le parti e che la reazione da usare in primis, anche in presenza di ingiustizie, vere o presunte, sia proprio quella del dialogo civile tra persone civili non dell'attacco indiscriminato.

Nell'ultimo periodo nei confronti dei professori si è arrivati alla violenza verbale e anche fisica, basandosi semplicemente su una nota scritta sul diario, su un brutto voto o magari per una sgridata, subiti dai figli. Episodi spesso basati ciecamente sulle parole dei propri ragazzi. Talvolta ignorando volutamente che magari i loro pargoli tendono ad esagerare l'operato degli insegnanti per coprire i propri errori nel timore di un'ulteriore strapazzata in casa o di una punizione. Magari la minaccia della privazione del cellulare, come va di moda ora, e senza il quale si sentono persi. Oppure solo perché attraversano quel periodo in cui le bugie sembrano lecite e le usano come mezzo di difesa...e di attacco. Tutti indizi che sarebbero target di valutazione più approfondita con calma e obiettività da parte dei genitori insieme a un dialogo più aperto e sincero con i figli che, spesso è assente.

Negli ultimi decenni diversi genitori si sono resi colpevoli di veri e propri reati nei confronti di docenti, arrivando anche con leggerezza a gravi azioni e denunce per episodi nei quali da condannare sarebbero stati solamente i loro ragazzi, che avrebbero meritato più che una buona tirata d'orecchi o la privazione del cellulare. Magari solo un po' più di attenzione da parte loro verso i problemi e quelle grida di aiuto nonché una presenza più concreta e costante nella vita dei ragazzi.

Inoltre, non è neanche raro sentire che proprio loro, i genitori, dando una pessima lezione di maturità, istigano i figli a difendersi a scuola con più decisione e affrontare con violenza a vari livelli gli insegnanti, per salvaguardare i loro diritti sacrosanti. La televisione evidenzia spesso atteggiamenti e azioni da brivido, da parte dei genitori e figli, minacce che, non raramente, sfociano nella violenza pura e arrivano talvolta persino all'omicidio dei docenti.

***

Chi non ha mai visto, sentito parlare, letto o ascoltato nei tg ultimamente del gran numero dei docenti intimoriti, minacciati, vessati, umiliati in aula e fuori dai propri studenti e fuori scuola aggrediti anche da genitori? E, ripeto, sovente l'arma non sono solo urli e diventa invece qualcosa di peggio: pistole, pugni, mazze o altro e non sempre rivolta solo ai beni di proprietà degli insegnanti.

Quanti genitori, prima di agire, vanno a fondo del problema soffermandosi ragionevolmente su quale sia effettivamente il giusto confine, la libertà da non oltrepassare e intuire quando la loro termina perché inizia quella dell'altro? Quanti cercano di dirimere le controversie in maniera civile e sana? Quanti indugiano a pensare che la prima domanda dovrebbe essere rivolta prima verso sé stessi, al loro agire nel quotidiano, al tempo che dedicano ai figli e alla maniera in cui lo usano? E dopo, magari, pensare a un confronto tranquillo con i propri ragazzi e capire fino in fondo la causa di quanto successo, il perché del loro approcciarsi in aula, che ha portato alle reazioni da parte dell'insegnante, o viceversa, e fermarsi a fare insieme autocritica, prima di intervenire con i docenti o aggredirli. Se i genitori sono assenti o violenti e tendono subito all'aggressione dobbiamo sorprenderci se poi vediamo uno studente che punta una pistola - non sempre finta- contro il suo insegnante obbligandolo sotto minaccia a un voto positivo o intimandogli di cambiarne uno negativo, che probabilmente meritava tutto? O anche no, e allora perché non discuterne civilmente, fare le proprie rimostranze in modo educato e usando ben altri toni, invece di aggredire?

Non voglio però neanche generalizzare con pregiudizi e colpevolizzare i genitori affermando che se sono violenti per forza lo sono anche i figli; sarebbe ingiusto e una visione anche troppo superficiale e pregiudizievole. Ci sono figli teppisti e violenti con genitori egregi e viceversa, non è, dunque, giusto accomunare tutti sullo stesso piano perché le persone possono trascendere le circostanze, rompere i circoli viziosi e cambiare da sé la loro vita e il loro agire. Non è mai un bene parlare per pregiudizi e preconcetti, anche se il comportamento dei genitori è 'quasi sempre' un esempio che i ragazzi seguono,

oppure evitano, proprio perché hanno un loro
cervello pensante.

***

Spesso si dimentica che aggredire e oltraggiare, sia fisicamente, o anche solo verbalmente, un insegnante nell'esercizio delle sue funzioni è un reato perseguibile penalmente essendo essi dei veri e propri pubblici ufficiali e il reato contemplato nel Codice penale. Si rischia dunque un processo e persino la prigione se, prima non si riesce a definire il tutto in via pregiudiziale con un accordo in cui si decide di riparare interamente i danni arrecati mediante risarcimento pecuniario, deciso da un giudice.

Sono state persino presentate proposte di legge in difesa del corpo docente, per inasprire fortemente le pene, e per inserire ulteriori aggravanti, per chiunque -genitori, studenti o altri- usi violenze di qualsiasi tipo nei suoi confronti. Si vuole in tal modo cercare di arginare quella che sembra diventata quasi una moda dilagante, un diritto acquisito sull'onda delle emozioni o dei ricordi delle proprie esperienze negative o per quelle viste come ingiustizie nel presente. Ci sono stati scioperi, manifestazioni, appelli anche televisivi di insegnanti terrorizzati dalle minacce ricevute dai propri studenti e dalle loro famiglie. Professori che chiedono maggior tutela e sicurezza a scuola e all'esterno, fino alla richiesta dell'allontanamento fisico dei soggetti facinorosi. C'è perfino chi è rimasto chiuso in casa terrorizzato/a per settimane in seguito alle tremende minacce ricevute, tuttavia, sembra che ogni istituto scolastico continui ad avere la sua teoria di teppisti e studenti aggressivi, che urlano e cercano non solo di comandare, bensì, di farsi obbedire con le minacce. E in ogni nazione, non solo nel nostro paese non dimentichiamolo, spesso gli episodi di violenza terminano persino con docenti cui viene tolta la vita, e a tutti loro, indistintamente, va la mia comprensione e la sofferenza personale, mai si dovrebbe arrivare, per nessun motivo, a privare della vita nessuno.

Solo pochi giorni fa, ho assistito in un video, al pestaggio di una giovane insegnante "colpevole" di aver sequestrato a un suo studente l'iPad che lui, con arroganza e menefreghismo usava in aula disinteressandosi del tutto della lezione che lei spiegava. Il ragazzo, offeso e incapace di capire l'errore, l'ha attesa per strada. In un primo momento le ha urlato contro agitando i pugni, poi, forse pensando che le urla non fossero conformi alla pena che meritava, l'ha colpita duramente più volte facendola cadere e nonostante fosse indifesa si è accanito ancora contro di lei con calci finché non sono intervenuti dei passanti che lo hanno portato via di peso. Diciamo pure che, oggigiorno, anche questo intervento a fermare una persona violenta ha dello straordinario, in una società in cui la maggior parte dei passanti davanti ad atti violenti tende a voltare il viso dall'altra parte per non vedere e non coinvolgersi.

Mi sono venuti i brividi osservando l'attacco violento del ragazzo e sono rimasta sconvolta nel vedere quel giovane corpo martoriato che a terra sobbalzava inerte sotto i colpi di un incivile e criminale che infuriava con calci e pugni per difendere l'indifendibile. Spero solo che l'inerzia di quel corpo fosse dovuto a uno svenimento e non ad altro.

Un genitore, invece, per lo stesso "delitto"- il sequestro del cellulare usato impropriamente in aula - si è "limitato" a denunciare l'insegnante e il direttore scolastico ritenendo "illegittimo" un sequestro simile, ma non l'atteggiamento tenuto a scuola dal figlio, che ha "l'obbligo" di tenere un comportamento rispettoso, corretto e coerente durante gli orari di lezione e di osservare scrupolosamente le disposizioni organizzative dettate dei regolamenti dell'istituto pena sanzioni disciplinari, se violate. Al contrario c'è anche il professore che picchia il preside davanti agli studenti, dando prova di esemplare maturità, il padre che prende a pugni, sempre in aula, il docente che ha messo un cinque al figlio, oppure lo studente che dopo un meritato brutto voto ha estratto la pistola e ha minacciato di sparare se l'insegnante non lo sostituiva con sette. E ancora il quindicenne che in seguito a una nota, dopo essere stato richiamato oralmente varie volte, perché cantava in classe, come se fosse a un concerto, ha aggredito verbalmente la professoressa intimandole di annullarla oppure... lui sapeva che macchina portava. Avvisata la dirigente scolastica i carabinieri hanno invitato in centrale il ragazzo e i genitori ed è stata prontamente sporta denuncia. Non sarebbe bella, però, una tale solerzia in entrambi i sensi?

Episodio differenti, seri o meno, ma tanti ed errati da qualsiasi parte provengano, tuttavia non isolati e ce ne sono a centinaia in questa scuola del diritto e dei doveri che ognuno interpreta a modo suo molto liberamente.

Ricordo che ogni abuso, fisico o psichico verso i docenti è un reato, tuttavia, lo è anche tutto ciò che si perpetra verso uno studente o qualsiasi essere umano - e ora anche contro gli animali -, eppure la violenza continua a dilagare e ognuno di noi pensa di doverla e poterla esercitare come vuole piegando a sé i diritti e le leggi.

Il reato a pubblico ufficiale si estende anche alle lesioni, la violenza privata, lo stalking, la minaccia, l'oltraggio e la diffamazione se le offese ai docenti sono palesi o proferite davanti a terzi.

Sì, anche l'ingiuria, oggi depenalizzata nella maggioranza dei casi, costituisce reato e anche se proferita da un collega. Tutto ciò rientra nell'oltraggio a pubblico ufficiale e sarà difeso sia in sede civile sia penale.

Il grave e annoso problema, nonostante sia sotto gli occhi di tutti, non è comunque assurto all'importanza che realmente necessita e le proposte di legge per l'inasprimento delle pene volte verso la tutela del corpo docente, pur esistenti, giacciono dimenticate in qualche cassetto o sepolte sotto quintali di carte e non sono stati fatti evidenti passi avanti.

L'obiettivo è quello di tentare di riportare serenità e considerazione nelle scuole altamente compromesse in alcune realtà, anche con conseguente perdita di credibilità negli utenti.

Rispetto: questo sconosciuto! Concetto obsoleto, superato, dimenticato, partitario e denigrato che bisognerebbe iniziare a insegnare nel significato profondo del termine, prima di ogni altra materia, perché non meno importante, sia a casa sia a scuola.

Gli insegnanti, malgrado le leggi, non si sentono comunque ancora tutelati appieno, si sentono soli e abbandonati dallo stato che non investe quanto necessario in un settore così importante e loro stessi ammettono che spesso non fanno neanche squadra come dovrebbero per unirsi nella difesa della loro professione, anzi, non raramente si attaccano e combattono scorrettamente tra di loro per arrivare più in alto a discapito dei colleghi. Agiscono separatamente in modo egoistico invece che per un obiettivo comune, si sminuiscono in decine di modi diversi e raramente si difendono a vicenda, per evitare problemi. È una guerra su ogni fronte, alfine, che, se non si combatte insieme, difficilmente vinceranno.

***

È inutile negare che nella scuola esistono tanti problemi legati a un'infinità di situazioni e quella della violenza verso i professori non è che una. I problemi interessano una larga scala di fattori. Oltre quelli intrinsechi e logistici: feedback degli studenti, l'approccio alle nuove tecnologie, metodi obsoleti, la formazione continua necessaria, l'interagire con diverse etnie e religioni, differenze caratteriali, inadeguatezza, incompetenza, presenza di una neuro-diversità che non tutti affrontano allo stesso modo o a mente aperta. Gli scontri tra colleghi già menzionati, la mancanza di assertività, l'essere marginali e poco decisionali nei momenti importanti, stress, scontri interni, delegittimazione. Una lunga lista influisce negativamente sui comportamenti e talvolta portano alla chiusura e l'isolamento, all'indifferenza per la fatica dell'immedesimarsi e stare al passo e ricordiamo che il comportamento non è l'esperienza. In più problemi esterni, se così vogliamo chiamarli, quali una retribuzione sentita come non gratificante o all'altezza del loro impegno, la partecipazione all'aggiornamento continuo vissuta talvolta come un peso o un obbligo, nonché l'incomprensione, le accuse nei loro confronti, la consapevolezza del discredito che si percepisce in chi guarda dall'esterno. Questi e altri motivi insieme, possono portare alla demotivazione fino all'assenteismo, rabbia, lassismo e insoddisfazione, che influiscono sui caratteri e sui comportamenti di ognuno, anche se in modo differente.

Gli addetti ai lavori come docenti e studenti, genitori, parenti, la politica, i pedagogisti, psicologi, gli intellettuali, una buona fetta della società tutta si è mossa per far invertire queste e altre drammatiche tendenze, ma, in realtà, ancor oggi tanto c'è da fare, praticamente, per risolvere tali problematiche.

Ciononostante, tutti questi, solo accennati, sono argomenti di discussione nei quali non voglio inoltrarmi e che non intendo trattare in questo contesto. Vorrei solo sottolineare quanto ampia sia "la questione scuola" e quanti punti ci sarebbero da approfondire, sanare e migliorare.

Io, di seguito, con le lettere raccolte, tratto un altro argomento, altrettanto importante; gratto solamente la superficie e mi allaccio a quanto detto all'inizio ribadendo che mi rivolgo solo a quel gruppo di docenti che in realtà non stimo né reputo buoni insegnanti. Quelli egoisti, egocentrici, ignoranti, freddi, superficiali e quant'altro che maltrattano e abusano gli studenti in vari modi, che ancora non si capisce per quale motivo si debbano chiamare insegnanti, curatori, educatori. Quelli che pensano solo al loro piccolo mondo e di egoistico, al loro tempo e al loro benessere dimenticando qual è veramente la missione e l'indirizzo di vita professionale che hanno liberamente scelto di perseguire. Quelli che non sanno essere obiettivi o che non ci tengono a esserlo, che si lasciano trascinare da caratteri incoerenti e sbalzi ormonali, deboli, violenti e fragili che danno il peggio di loro davanti ai ragazzi raccolti sotto la loro responsabilità. Quelli che strumentalizzano il potere che pensano di aver acquisito e finiscono per abusarne in vari modi, invece di porsi con gli studenti come educatori e difensori in maniera interdisciplinare ed empatica. Quelli che chiedono, giustamente, tutela a gran voce, eppure dimenticano e non pensano a tutelare i ragazzi che hanno anche loro dei diritti e una dignità che spesso calpestano gratuitamente, tradendo i loro ruoli e le responsabilità.

Bisogna, quindi, considerare gli episodi di violenza nelle scuole, che avvengono da entrambe le parti, non come casi isolati, bensì come dei segni evidenti di un malessere più esteso, di un ampio disagio sociale, caratteriale e psicologico da non sottovalutare e da risolvere a tappeto. Si ha, peraltro, il dovere di portarlo a galla ovunque si annidi, esporlo, sviscerarlo e condannarlo fino in fondo per poterlo sanare al meglio. Spesse volte invece, si cerca di camuffare, seppellire, spostare, ignorare, quasi che così facendo il grave problema si esaurisca e risolva da solo.

È dovere di tutti collaborare e approfondire di più anche il conflitto docenti-studenti-genitori e traspare chiaramente una scarsissima considerazione e sfiducia tra i primi e i secondi e viceversa e della scuola in particolare. Tutto ciò è reso evidente anche dai social nei quali vengono postati commenti per niente lusinghieri, da entrambe le sponde, arrivando anche all'umiliazione pubblica, alla derisione, la discriminazione e talvolta la messa al bando degli insegnanti o degli studenti.

È una crisi che investe un gran numero di persone e settori, e forse perciò è difficile valutarla nella sua interezza e pericolosità per superarla e il malessere invece di guarire si allarga a macchia d'olio. Tanto parlare per nulla, o per molto poco, parafrasando un famoso autore vanto di una nazione- ma forse del tutto italiano- verità profonda che gli addetti ai lavori non ammetteranno mai e chiacchierano a vuoto se, ancora, come vediamo, si è lontani da una vera risoluzione positiva e concreta.

***

Una crisi o malessere che in definitiva si manifesta in maggior parte in coloro che la vivono quotidianamente, docenti, alunni, studenti, con un'insoddisfazione che si palesa per ognuno in maniera differente. Lassismo, poca collaborazione, incomunicabilità, indifferenza, insofferenza, talvolta poca preparazione, demotivazione, umiliazione, violenza; lo svolgimento di un qualcosa che finisce per non essere più gratificante e amnesia per quello che, la maggioranza delle persone si era sicuramente ripromessa iniziando il proprio percorso. Forse di fare meglio di ciò che era stato fatto con loro, di modificare in positivo i rapporti docente-studente, di lasciare un segno del proprio passaggio; poi piano piano ci si è lasciati andare limitandosi a fare ciò che era solo sufficiente, talvolta neanche quello o farlo male e con risentimento. Oppure è la conseguenza, per alcuni, di una scelta professionale sbagliata e non sentita veramente, forse vista solo più accomodante e semplice di altri percorsi, non fatta con il cuore né con passione, per ripiego. E parlo di diversi insegnanti, anche di quelli che a volte, per assurdo, sono ancora più esigenti e duri con i loro studenti, però non si fanno nemmeno sfiorare dal dubbio se non sia giusto anche esserlo allo stesso modo con sé stessi né tentano una minima autocritica.

Ho detto 'diversi, alcuni', non certo tutti, non è la maggioranza, tuttavia, per quanto pochi -mi auguro-, sufficienti per gettare un'ombra scura e discredito su tutti quelli che svolgono la professione con amore, lealtà e passione e che ogni sera tornando a casa possono guardarsi nello specchio senza abbassare gli occhi e vanno a dormire contenti di sé e di quanto hanno dato sia intellettualmente sia emotivamente.

Come dice Enrico Galiano, insegnante e autore che stimo tantissimo: "fare l'insegnante non è un lavoro che fai quando non c'è altro da fare. Lo fai quando non c'è nient'altro che vorresti fare".

Sono d'accordissimo e penso che anche ogni insegnante dovrebbe tenerlo presente e lavorare in quell'ottica oppure… cambiare mestiere.

Conosco docenti egregi, anche molto vicino a me - me ne vengono in mente almeno una dozzina e più tra parenti e amici-, e non sono gli unici o le uniche, che ammiro.

Loro hanno fatto e fanno della loro professione una missione, un approfondimento e miglioramento continuo per sé stessi e per i loro studenti che li adorano e insieme condividono ore contente, proficue e di vero scambio.

Sono quelli che riescono ad attirare i ragazzi, a farli alzare la mattina felici di andare a scuola, talvolta un luogo poco attraente o non accattivante, ma che nonostante tutto, dove si trovano bene perché si è instaurato un bel rapporto in entrambi i sensi.

Sono quelli che riescono a far diventare leggere anche le materie più ostiche o tradizionalmente noiose, quelli che sublimano l'insegnamento a tutti i livelli anche scostandosi da metodi tradizionali per arrivare al cuore e alle menti dei ragazzi più facilmente, rispettandoli, coinvolgendoli, interagendo con loro e mettendoli "al centro" del loro insegnamento.

Quelli che sono capaci di costruire con i "loro" ragazzi una vera squadra e fanno dell'aula una piazza di scambio e condivisione, senza ricorrere agli urli o alle minacce, oppure proprio in virtù della loro assenza.

Pure io tra i miei insegnanti ho avuto diversi esempi positivi che mi hanno dato tanto e ricordo ancora con molto affetto, al contempo però, ahimè, ci sono anche gli esempi negativi, ricordo anche quelli e con molto meno calore, naturalmente.

Personalmente nel mio lungo periodo scolastico ho sperimentato un po' tutte le caratteristiche degli insegnanti e ne ho fatto una vera collezione. Io con un difetto di pronuncia, che mi sono portata appreso per anni, che mi portava a essere timidissima e introversa, forse avrei meritato di avere qualche attenzione e accorgimento in più - non favoritismo - da parte di maestri e professori, ma così non è stato o lo è stato dopo diversi anni e solo da qualcuno.

Nei miei anni scolastici ho avuto l'insegnante che mi ha ignorato, quello che mi ha urlato contro con cattiveria, impazienza e nervosismo, quello che mi ha messo in castigo in posizioni dolorose che oggi andrebbero sotto il termine di tortura, quello che, in prima elementare, mi ha maltrattato a livello psicologico e fisico, pungendomi sul corpo con la matita provocandomi un'infinità di lividi tante volte fino a farmi infine un occhio nero con la sua violenza. Se mio padre vedendomi e appurando chi era stato, è andato di corsa a parlare con il maestro e dirgliene quattro, forse una po' di ragione l'aveva o no?

Ho avuto quello che, molto maturo, mi faceva il verso e, scimmiottandomi, faceva ridere tutta la classe e invece di aiutarmi mi faceva stare ancor più male psicologicamente intimidendomi e facendomi chiudere di più in me stessa. C'è stata anche quella che entrava in aula e diceva ogni volta con una gran faccia tosta: "fate qualcosa a piacere", e questo fino alla fine dell'ora mentre lei pensava ai fatti suoi e al contempo rubando lo stipendio, probabilmente non all'altezza di quello che si aspettava, ma per lei anche troppo abbondante per ciò che dava a noi studenti. Era disegno la sua materia e l'unica cosa che ci ha insegnato in tre anni è stata come squadrare il foglio e anche all'esame naturalmente il compito era 'qualcosa a piacere'. Io in disegno ero piuttosto brava di mio, però se lei e mi avesse seguita un po' forse sarei migliorata tanto e avrei dato ciò che sentivo di dare. Invece si limitava a dirmi: "bello, brava continua così", senza insegnare o correggere mai niente. In contrapposizione c'era anche quella che amava molto fare lezione e spiegare a ruota libera, tuttavia, era anche troppo fredda e impersonale, non dava umanità né empatia bensì, era solo un autoincensarsi narcisistico e concentrato su sé stessa e sulla sua bravura nell'eloquio per niente rivolto a noi. C'era, però, anche quello che ci faceva vivere ogni parola che diceva, col quale s'interagiva, si commentava, che ci faceva partecipi a tutto tondo rendendo ogni lezione un'avventura ogni volta unica e affascinante che non vedevamo l'ora di ripetere e con il quale imparare era una gioia e un divertimento. Era un ex partigiano ricordo e ci faceva entrare con lui, con i suoi ricordi, in quello che era stato il suo mondo in un momento tragico della nostra storia. Ricordo anche un prof di matematica. Notoriamente spacciati per antipatici, chiusi e severi, invece, lui era molto in gamba e aperto, veramente uno spasso. Un giorno che tutti i chiamati all'interrogazione avevano dato la giustificazione che si erano preparati in letteratura ha spiazzato tutti dicendo:

"va bene, allora vi interrogo in letteratura e vi do il voto in matematica d'accordo?"

Mi offrii volontaria e mi diede nove "in matematica" sui "Promessi Sposi"! Dopo tanti anni, ricordo persino il passo che abbiamo discusso.

A undici anni ho incontrato una maestra con la M maiuscola il cui obiettivo primario era il bene dei ragazzi che aveva di fronte, la loro mente, il loro migliorarsi, l'apprendere nel modo più leggero possibile. È stata la prima persona che ha iniziato a darmi dei consigli utili per il mio difetto e la ricordo ancora con molto affetto. Sempre lei ha iniziato a farmi scoprire la fiducia in me stessa spronandomi a coltivare ciò che lei chiamava: "una dote innata". In prima media una professoressa, quella di francese, che inizialmente avevo visto come scostante, mentre leggevo e tutti ridevano più o meno discretamente, li ha zittiti con poche parole, poi mi è venuta vicino e mi ha parlato con una delicatezza che ancora dopo tanti anni ricordo. È stata anche quella una spinta per migliorarmi, per aprirmi un po' e farmi credere in me. Anche questo significa essere un'insegnante. Nulla a che fare con quel maestro che, in quarta, in classe urlava come un matto, mi faceva il verso e un giorno ha detto alla mia compagna di banco che non capiva alcune cose:

"se non stai attenta e ascolti, vengo lì, ti prendo per il fondo delle mutande e ti scaravento fuori dalla finestra!"

E questo non è che uno dei tanti episodi deprecabili riconducibili a lui. Sono convinta che quel maestro non faceva male solo alla bambina - con un nome bellissimo e unico, ricordo: 'Clorinda' -, ma a tutti noi che, bambini di otto nove anni, ascoltavamo terrorizzati i suoi urli e le sue minacce e vivevamo nel timore che le mettesse davvero in atto. Nella nostra ingenuità ci vedevamo tutti sfracellati e insanguinati nel prato sottostante, che solitamente ospitava i nostri giochi durante la ricreazione. Ricordo alla specializzazione il docente che minacciò di bocciarci in massa perché una ragazza, stupidamente, aveva riso del suo intercalare: "la la la" e lo aveva scimmiottato.

Tanto altro ci sarebbe da dire in bene e in male e tutto ciò era tanti anni fa, ma… ora è cambiato tanto il comportamento in aula, l'interagire con i ragazzi di "alcuni" insegnanti? Quando ero alle superiori, ormai tanti anni fa, ricordo un ragazzo del liceo sospeso per aver tirato una mela in faccia a una sua professoressa, però, simili episodi erano rarità.

Il terrorismo, che allora era più verso gli studenti, bloccava l'altro in senso opposto o dopo c'è stata più liberalità, più maleducazione? Qui si dovrebbe aprire un altro occhiello che porterebbe fuoristrada e preferisco sorvolare, e chiedo solo: è utopia pensare di poter avere un comportamento più consono e civile in entrambi i sensi? Non per forza tra insegnanti e studenti il rapporto dev'essere freddo, impersonale, abusante, distonico e incoerente o sbaglio?

Come diceva il Piccolo Principe: "ci vuole pazienza con gli adulti, perché non sempre capiscono" e spesso è veramente così, però, loro ne hanno verso i piccoli? Ciononostante, voglio sperare, e ci credo, che la maggior parte dei docenti sia quella che si impegna intellettualmente, fisicamente e moralmente. Quella che dà veramente qualcosa, anche di sé stesso ai suoi ragazzi non soltanto dal punto di vista letterario e scientifico, ma soprattutto umano, educativo e pedagogico e, perché no, anche affettivo. Quella che aiuta i giovani affidati alle sue "cure" facendoli diventare non solo dei bravi studenti, bensì anche dei futuri adulti maturi e completi sotto ogni punto di vista, andando oltre e vedendo più dell'apparenza.

Sì, perché il ruolo di educare non si ferma nella famiglia, bensì passa anche attraverso la scuola, che purtroppo non sempre è pronta a questa grande lezione da fornire ai giovani, anche per le problematiche elencate sopra e che sommo in indifferenza, superficialità, incompetenza, demotivazione.

Se solo pensiamo all'etimologia della parola 'insegnare' si apre un mondo: il verbo insegnare, che nella nostra lingua appare solo dal XIII secolo, deriva dal tardo latino "insignare" cioè "imprimere un segno" nella mente, e indica qualcosa di molto profondo e importante. 'Istruire' deriva ancora dal latino in-struere cioè 'costruire dentro' e anche qui notiamo la profondità dell'azione. È una coppia strategica nella vita scolastica di tutti con significati importanti, che si riferisce all'azione verso qualcuno, che fornisce conoscenza rimarcando un ruolo formatore-formativo ed è semplice capire quanto importanti siano i loro significati, soprattutto la loro applicazione e le finalità.

Quanti insegnanti pensano al grande significato insito nella loro qualifica e agiscono nelle azioni quotidiane, nell'interagire con i propri studenti, nell'intensificare la loro preparazione, tenendo presente l'importante contenuto del verbo e facendo dell'"insegnare" un precipuo punto di orgoglio? Molti vivono "per insegnare", altri per fare qualcosa per vivere. Tra gli ultimi, c'è chi espleta bene chi male.

Secondo l'Accademia della Crusca Imparare e Insegnare non sono la stessa cosa, naturalmente, bensì portatori di due differenti significati e comunque strettamente connessi tra loro e inscindibili.

Se ci riferiamo al Sabatino-Coletti il verbo transitivo Insegnare, che richiede l'oggetto diretto della cosa insegnata e l'oggetto indiretto della persona cui si insegna, ci indica l'atto di "fornire nozioni teoriche o elementi pratici a qualcuno in modo che apprenda qualcosa". Il verbo Imparare invece, indica l'atto di "acquisire conoscenze o capacità attraverso lo studio, l'esercizio, l'applicazione". Anche questo verbo è transitivo, richiede cioè l'oggetto diretto della cosa che si impara, e, in aggiunta, il complemento di origine che rappresenta la cosa o la persona da cui si impara.

Ne consegue che insegnanti e 'imparanti' sono estremamente connessi tra di loro. Ognuno non esiste senza l'altro, perciò l'onesta collaborazione a tutto tondo è "essenziale" senza dimenticare i pilastri che reggono il tutto.

Vien da sé che se una parte dimentica l'altra, a prescindere dal motivo, o la usa solo per i propri scopi, senza essere propositivo o collaborativo, iniziano a sorgere i problemi.

***

Docenti ottimi, docenti concentrati e attenti nel proprio ruolo, docenti mediocri, docenti scansafatiche, docenti insoddisfatti con un lavoro importante, troppo, e sottopagato. Professori incompresi, menefreghisti e delusi, perché tra tanti che fanno il loro dovere con buona volontà, competenza e dedizione c'è sempre quello amareggiato e insoddisfatto e si sa i lati negativi sono quelli che emergono e si notano di più offuscando quelli positivi. Ragazzi immaturi, incompresi, soli, teppisti, abbandonati in famiglia e dalla scuola, ragazzi in gamba con tanta voglia di fare spesso bloccati e costretti a superare ostacoli di vario tipo; ragazzi con disagi che avrebbero bisogno di tanta comprensione, attenzioni e tempo in più da dedicare loro e invece si lasciano indietro col rischio di perdere talenti che non ci si ferma a vedere.

Piena comprensione verso i vari docenti aggrediti in differenti modi da studenti e genitori e verso quelli che danno tutto di loro nonostante uno stipendio da rivedere, ciononostante ora il mio excursus nella scuola e il mio obiettivo è un altro e opposto come accennato:

"i ragazzi maltrattati dai docenti".

Tutto il resto al quale ho accennato merita una trattazione più ampia e a sé stante e ciò che segue non è rivolto a loro.

I ragazzi maltrattati e abusati in vari modi, dunque, e mi atterrò solo a questo. Sì, certo, perché la violenza nelle differenti forme, le intimidazioni, gli abusi di vario tipo, i maestri che, metaforicamente, e anche no, prendono i bambini per il fondo delle mutande, esistono ancor oggi. Attualmente esiste ancora il rigido maestro padrone, e gli abusi, anche se più sotterranei e in diversa forma, esistono ancora verso gli studenti, come ai miei tempi. Sono, forse, diventati più sottili, più abusanti, e non meno pesanti di un tempo, quando accadono.

***

Dopo aver eseguito una ricerca su un discreto numero di studenti e mamme chiedendo di parlare con sincerità dei loro rapporti con i professori e soprattutto sul comportamento di questi ultimi nei loro confronti, ho provato a tirare le somme. Elenco episodi accaduti soprattutto negli anni che vanno dalle elementari fino alle medie superiori. Stranamente mi sono resa conto che i bambini più abusati sia a livello psicologico sia fisico sono proprio i più piccoli, quelli delle elementari. Il periodo in cui si gettano le basi scolastiche e anche quelle caratteriali, l'inizio di un famoso cammino importante volto al futuro e verso la vita, spesso, sono accompagnati da meno comprensione, più permeati d'intolleranza, di insegnamenti non appropriati e persino incompetenti, non all'altezza di un compito, imponente certo, ma soprattutto molto importante.

Proprio quella che dovrebbe essere un'isola felice, il luogo dove bisognerebbe prendere il bambino per mano, col sorriso e con delicatezza e compagnarlo con comprensione, spesso diventa teatro di episodi molto discutibili e piuttosto gravi. Purtroppo, episodi delicati e ingiusti non mancano neanche nelle classi superiori.

Sono arrivata alla conclusione che tra i docenti che esercitano questo importante ruolo non tutti possano dire con onestà: "ho fatto veramente il mio dovere con coscienza, maturità, competenza, obiettività e a tutto tondo, per la mia e per la soddisfazione e completamento dei miei studenti".

***

Dalla ricerca è emerso che, parte di questi educatori insegnanti persegue il suo impegno come un impiego qualunque invece che come una missione importante quale dovrebbe essere. Non tutti sanno dare la rilevanza necessaria alla maturità olistica dei ragazzi cui sono affidati loro, non interagendo con loro o facendolo al minimo indispensabile con la fretta e la freddezza che la fa da padrone. Si limitano a passare il tempo elencando nozioni e assegnando lezioni seguiti da interrogazioni fredde e poco coinvolgenti e voti talvolta buttati là solo perché è necessario scrivere una valutazione numerica o meno. Voti dati in modo superficiale che spesso penalizzano lo studente annullando i suoi sforzi e non valorizzando le sue essenze, il suo sapere, le sue potenzialità e la sua personalità. Spesso senza vedere o indagare oltre l'apparenza e il silenzio o cercare di capire lo studente. Senza dimenticare che spesso le valutazioni sono persino inficiate dalle simpatie personali, dalle amicizie, da ciò che un insegnante può guadagnarci personalmente per via delle parentele dei ragazzi e da ben altre situazioni che poco hanno a che vedere con un insegnamento corretto, impegnato, né da quello che oggettivamente danno i ragazzi. Quanti si impegnano seriamente e a tutto tondo per mettere in evidenza il talento, le unicità, le differenze, il carattere, l'emozione, l'individualità, l'ansia, i timori dei propri studenti, e interagiscono con loro in modo più mirato, coinvolgente, comprensivo e produttivo oltre che soddisfacente per entrambi?

Devo convenire, e ribadisco che, purtroppo, ci sono docenti che possono essere non solo demotivati, ma anche impauriti a lavorare in un ambiente che al giorno d'oggi non li tutela e spesso a contatto con facinorosi aggressivi, ciononostante, questo non deve fuorviare dall'obiettivo più importante del loro impegno verso chi dovrebbero in primis anche educare.

Quanti insegnanti pensano che la mente dei ragazzi non sia solo un sacco da riempire con nozioni, avvenimenti, calcoli, date, bensì anche qualcosa da stimolare, da accendere, da coltivare, da capire, da divertire e da curare e prima di tutto anche da leggere e scoprire?

Andare a scuola non deve sembrare un passatempo privo di fondamento che va lasciato solo alla buona volontà dei ragazzi. Chi dà loro lo stimolo necessario ad apprendere cose e fatti senza farli sembrare privi d'importanza che tanto poi si dimenticano, un periodo che bene o male bisogna superare, un passaggio da sfruttare solo per trovare un lavoro, un passo obbligato da compiere talvolta controvoglia, verso la maturità, la libertà e la vita adulta?

Andare a scuola non dovrebbe essere uno svogliato occupare il proprio banco ogni mattina in attesa della campanella dell'ultima ora o stare sui libri solo per riuscire a portare a casa un voto quanto migliore si può. E neanche, al contrario, stare in aula con l'ansia, la paura, talvolta il terrore del professore, anche quando si ha la certezza della propria preparazione perché troppi episodi negativi hanno portato alla sfiducia. Il timore di sentir chiamare il proprio nome perché troppe volte la consapevolezza di sapere non è sufficiente se subentrano nel docente la fretta, le antipatie, la poca obiettività, i preconcetti, la discriminazione, la freddezza, la superficialità, la non conoscenza dello studente e dei suoi talenti che non ha saputo notare né sfruttare, visto spesso solo come un numero tra tanti. L'attenersi solamente a vedere le cose solo in modo superficiale perché troppo faticoso fare delle analisi un po' più approfondite o cercare di vedere le particolari peculiarità di ogni alunno o studente e livellando tutti allo stesso modo spesso privandoli delle loro essenze come fossero solo dei piccoli robot tutti uguali. Come diceva il grande Don Milani, contestato e avversato per le sue idee progressiste: "non c'è nulla di più ingiusto quanto far parti uguali fra disuguali."

Non è semplice, forse è faticoso, attenersi al pensiero del grand'uomo, ma il risultato che si può ottenere, e la giustizia, non vale la pena di perseguire l'idea?

Perché non capire che è importante vedere ogni bambino con le proprie differenze e unicità e dargli ciò di cui necessita senza uniformarli, bensì, rendendoli speciali ognuno nel suo modo di essere.

Perché non capire che non è importante solo imparare di matematica, fisica, letteratura, chimica, l'Infinito di Leopardi, che pure è splendida, ma c'è ben altro da dare e da vedere in ogni piccola grande mente? Perché non tentare anche di insegnare loro come si fa a gestire i propri sentimenti, ad accrescere l'autostima, a come affrontare le paure, anche troppo frequenti alla loro età, come accettare e superare le delusioni, imparare a gestire l'ansia per un'interrogazione o una verifica scritta? O anche come giustificare un'ingiustizia, superare un attimo di timidezza, far fronte e tollerare un dolore, intuire e vedere le loro fragilità e venirgli incontro, comprenderli. Perché tutto ciò passa in secondo piano come fosse meno importante del sapere che cosa ha scatenato Giulio Cesare superando il Rubicone? Talvolta basterebbe una parola, un attimo di condivisione, far capire allo studente che non è solo ed è compreso, che può fare affidamento su qualcuno, che si è tutti sulla stessa barca e ci si può aiutare a vicenda per migliorarsi, insieme, pur stando su lati opposti. Perché lavorano tutti per loro stessi e per gli altri e per un migliore futuro del mondo.

***

Chi stimola i ragazzi mentre percorrono la loro strada, chi li aiuta ad alzarsi felici la mattina e uscire contenti perché ogni ora passata a scuola è il tempo che dedicano alle loro menti e al loro futuro, alla maturità e alla completezza dei loro caratteri nel rispetto della dignità? Chi fornisce lezioni inclusive, complete, totalizzanti e leggere e con esse dà la fiducia che permea i loro scambi senza ansia e paura? E non perché leggerezza significhi superficialità, ma fatto senza peso, con amore, impegno e lealtà. Perché lasciare che la voglia di fare, di imparare, di elevarsi, di avere, sgorghi solamente spontanea dai ragazzi, senza altri stimoli importanti che li accompagnino? Non interferendo con loro, bensì, accompagnandoli lungo la strada usando la mente e il cuore in libertà. A volte basta un sorriso, la consapevolezza di essere capiti e di non essere soli o nemici.

Certo alcuni professori pensano che ciò che danno già con la loro presenza, sia sufficiente senza impegnare a fondo le loro conoscenze, il loro tempo e dimenticano talvolta i torti subiti e a come si sentivano quando erano loro, un tempo, a occupare i banchi che ora si trovano di fronte. Presumibilmente la colpa non è del tutto degli insegnanti, ma anche del ministero della pubblica istruzione che non li gratifica, non li stimola, che impone ancora un insegnamento in parte superato non al passo con i tempi e deludente da molti punti di vista. Così molti docenti si adagiano senza sforzarsi di fare meglio e dare qualcosa di più, dimenticando di coinvolgere i ragazzi a tutto tondo e lasciarli liberi di pensare. Li trattano da ignoranti, sfaticati e con severità, come non persone, senza, peraltro, mai mettere in discussione la propria ignoranza e ciò che omettono o senza perdere un attimo del loro prezioso tempo per tentare di vedere che cosa c'è oltre la corazza che si può costruire in difesa.

Socrate usava dire: "io non posso insegnare niente a nessuno, posso solo aiutare a farli pensare."

Ed è questo 'aiutare' che diventa un insegnamento di per sé, allarga gli orizzonti, apre alle novità e porta a capire che la vita può sconvolgere qualsiasi aspettativa e dare di più di ciò che si pensa, qualcosa che spesso viene dimenticata.

Come diceva il grande Piero Angela:

"Ogni volta che insegniamo qualcosa a un bambino gli si impedisce di scoprirla da solo."

Aiutiamoli a scoprire, insegniamo loro che insieme e tramite l'insegnamento e la loro curiosità possono scoprire il mondo e il loro pensiero può spaziare e sconfinare ovunque. Aiutiamoli a farli pensare allora, in modo leggero, accattivante e avvincente. Aiutiamoli a liberare il loro potenziale che li librerà più in alto delle nuvole, in libertà. Senza imposizioni, facciamo capire loro che, aprendo le gabbie dell'ignoranza possono volare, essere e diventare ciò desiderano non ciò che desideriamo noi. Quanti insegnanti fanno loro questi presupposti e li mettono in pratica?

***

Nella mia ricerca, nel mio ascoltare i ragazzi di varie età, non ho considerato i casi di bullismo talvolta spalleggiati da genitori (ho sentito personalmente padri dire ai figli: "non farti mettere i piedi in testa... fatti sentire, hai i tuoi diritti... costringili a metterti buoni voti... tanto per loro cosa cambia... minacciali e se non basta vengo io..." e altro). Voglio riportare di seguito ciò che molti studenti in una lettera aperta e sincera avrebbero desiderio di esporre con schiettezza in un faccia a faccia con i loro docenti. Quello che non sempre, forse mai, si possono permettere di scambiare per timore di ritorsioni di vario tipo. Perché, ammettiamolo, le ritorsioni esistono ancor oggi e spesso causano omertà, introversione, delusione, senso di abbandono, rifiuto di affrontare gli ostacoli, lassismo e talvolta peggio, come ho scoperto ed elencherò di seguito.

***

Nelle lettere dei pezzi di vita dei ragazzi e mamme, ometto e sostituisco i loro veri nomi, per salvaguardare il loro privato, con questa rassicurazione si sono aperti a me in tutta libertà e hanno dato il permesso di pubblicare i loro vissuti. Solo in alcune ho tenuto i nomi reali dietro autorizzazione degli interessati.

Lettere aperte nelle quali ragazzi e mamme vogliono far sentire la loro voce senza paura o minacce, per denunciare apertamente alcuni episodi subiti da parte dei loro insegnanti.

Vessazioni e veri abusi direi, cui hanno vissuto personalmente tra le mura scolastiche, che dovrebbero proteggere i ragazzi, e che sembra facciano parte del modus operandi quotidiano non eccezioni.

Chi di noi può dire di non essere mai venuto in contatto, direttamente o indirettamente, con qualcosa di simile e ne è rimasto colpito? Viverlo con sofferenza sulla propria pelle è sicuramente molto peggio e non raramente lascia danni indelebili.

Tali episodi, alcuni semplici, altri meno, non fanno onore al corpo insegnanti - naturalmente esclusi sempre quelli che definiamo insegnanti nel modo giusto del termine - e comunque dovrebbero far pensare tutti e a come intervenire in futuro perché siano evitati. Ne riporto solo alcuni, e purtroppo ce n'è ben di più e più gravi, sperando che portino a una riflessione approfondita chi si intravede in essi e, magari portarli a un sostanziale cambiamento comportamentale.

Ascoltando i bambini e i ragazzi convengo che ognuno ha vissuto a proprio modo certi episodi, pure traumatici, anche in base alle sue emotività caratteriali e coinvolgimento, talvolta con molta sofferenza e non sempre sono stati di aiuto nella loro crescita psicologica.

Prima di passare alle lettere, vorrei ricordare inoltre che il carattere dei bambini e dei ragazzi è un terreno quasi incolto e molto fertile, dove ciò che si semina, sia di positivo o negativo, può attecchire facilmente facendo miglioramenti o danni incalcolabili in loro e questo dovrebbe far riflettere gli adulti. Si semina nella mente degli adulti del domani e spesso decidiamo, o perlomeno influenziamo, noi come saranno ed è una non trascurabile responsabilità che ci pesa addosso. Quando si educa si semina e come nei campi anche nella mente dei bambini il frutto può non essere immediato, ed è anche vero che se non si semina certamente non si potrà raccogliere e se lo si fa male può uscire una pianta storta, perciò, prima ancora di seminare e educare è necessario amare, curare quel terreno incolto che sono le menti dei bambini sotto la propria responsabilità.

In più il tessuto psicologico dei ragazzi, di fronte ai traumi, non è standardizzato e ognuno di loro reagisce in modo differente così come diversi sono i danni che si imprimono. C'è quello più coriaceo dove ciò che di negativo o cattivo arriva può rimbalzare e cadere facendo pochi danni, c'è quello più leggero che si può ledere facilmente e anche quello che assorbe tutto e può portare a cambiare sia il pensiero sia il comportamento in base agli insegnamenti che si hanno siano orali o materiali. Ricordiamo che la mente di un bimbo è una spugna, assorbe tutto senza distinzioni, perciò, a maggior ragione bisogna essere più selettivi e attenti negli insegnamenti.

Ogni ragazzo comunque rischia di perdere qualcosa a causa delle ingiustizie subite e assumerne altre e portarsele appresso nel tempo. Perché ognuno è diverso dall'altro nel bene e nel male.

Io accuso!

Cara professoressa, vorrei prendere in prestito il titolo dell'editoriale scritto dal giornalista e scrittore francese Emile Zola in forma di lettera aperta, come vuole essere la mia, all'allora presidente della repubblica francese Felix Faure: "j'accuse".

"Io accuso".

Nel mio piccolo e nel mio pieno diritto di studente e di persona giuridica che oltre doveri ha anche diritti e privilegi levo la mia voce e dico anch'io:

"accuso".

Il mio atto d'accusa sarà forse semplice, se confrontato ad altri, e tuttavia è la voce di tanti ragazzi come me, vessati come me e obbligati come me al silenzio da una paura, che dovrebbe essere immotivata in un ambito dove dovrebbero prevalere i diritti e la libertà di tutti, ma quasi sempre non è così. Timore di essere bersaglio di ritorsioni nei voti e sul comportamento da parte degli insegnanti, nonché nostri educatori. Come lei!

Cara professoressa, e allargo il campo anche a qualcuno dei suoi colleghi; pensi solo per un attimo che io sia suo figlio, che le parla col cuore in mano, e mi risponda sinceramente. Lei come reagirebbe se lui le raccontasse degli episodi come quelli che io sto per riferirle e che mi sono accaduti non una volta, ma svariate volte? Mi dica se ne sarebbe felice o se s'indignerebbe anche lei per il… suo comportamento? Lei usa due pesi e due misure in classe con noi ragazzi, ma sa come si dice: "non sputare in aria perché poi ti ricade addosso", e se non addosso a lei potrebbe capitare che ricada sui suoi figli e non ne sarebbe contenta. Ci veda come figli suoi, dunque, tutti e in ogni momento e agisca di conseguenza, ma ho molti dubbi ne sia capace perché noi per lei siamo solo dei nomi, anzi dei numeri in un registro non degni della sua attenzione o di guardarci nel cuore. Se fa mente locale, forse, ricorderà gli episodi che descriverò, insieme al mio volto, nonostante abbia sostituito il mio vero nome.

Ho quasi 16 anni e mi chiamo Emanuele. Sono nato in una famiglia normalissima, genitori, fratelli e sorelle. Un nucleo familiare dove il rispetto per l'altro è alla base di ogni atto e pensiero, dove la sensibilità per i problemi degli altri è reciproca, non è solo una parola vuota, bensì qualcosa di reale e profondo; una famiglia unita, dove si ride, si strilla, si scherza, ci si fa dispetti e ci si protegge a vicenda, sempre. Tutto ciò, lealtà e rispetto almeno, era ciò che mi aspettavo anche a scuola, il luogo che dovrebbe essere la seconda casa, e la seconda famiglia degli studenti, invece mi sono dovuto ricredere. Lei, e non solo, mi ha aiutato molto in tal senso. Non so niente del suo privato, dunque mi attengo a ciò che vivo nei miei giorni in aula con lei.

Non sono un secchione, tuttavia mi applico nello studio perché lo vedo prima di tutto come una crescita personale e umana e anche, perché no, visto che siamo ancora valutati con un voto, che secondo me è superato e anacronistico nel 2022, anche per ottenere un bel voto che gratifichi il mio impegno; fa sempre piacere e serve per andare avanti. Non sono un patito per la scuola lo dico sinceramente, però frequento volentieri, forse più della maggioranza dei miei coetanei, anche se non sono uno di quei tipi che piangono quando c'è un giorno di vacanza in più. Mi ritengo un ragazzo educato, e lo riconoscono anche gli adulti, rispettoso delle gerarchie, che dà del lei alle persone più grandi e ho qualche amico, anche se non tanti perché sono molto selettivo. Non mi piace bighellonare senza senso per le strade, non dico parolacce e non fumo, meno ancora bevo. Non sarei qui a parlare se, naturalmente, non fossi anche molto sensibile, perché allora sarei un menefreghista e ciò che lei mi ha fatto mi sarebbe scivolato addosso come olio. Sono altruista, generoso e responsabile e non arrivo alle interrogazioni o alle verifiche tranquillo, bensì talvolta accompagnato da un certo grado di ansia, anche quando sono sicuro di essere preparato e di aver studiato al massimo. Sono un ragazzo normalissimo insomma. Come lei ben sa la mia non è una classe tranquilla, tutt'altro, direi piuttosto variegata: c'è il classico "secchione" che lei adora e che prende sempre voti alti anche quando non dà il meglio di sé alle interrogazioni e verifiche - siamo ragazzi non scemi -, c'è chi come me prende voti buoni, chi li prende al limite, chi arranca per arrivare alla sufficienza, chi va male per svariati motivi: abbandono familiare, situazioni

difficili, solitudine, disagi di vario tipo, e chi se ne importa tranquillamente e sta al limite della delinquenza, della maleducazione e talvolta le oltrepassa pure senza farsi troppi problemi. Non sono qui per fare lo psicologo sui comportamenti dei miei compagni o per dire se le loro azioni siano intenzionali o semplicemente un grido di aiuto spesso inascoltato, soprattutto da lei che non si preoccupa di leggere più in profondità le varie difficoltà e si limita a bocciare senza farsi problemi per ciò che si lascia appresso, indifferente se taluni di noi mollano quando sarebbe bastata solo un po' di comprensione in più. Le scrivo solo per esternare il mio disagio, l'imbarazzo, la pena e la sofferenza che ho avuto in classe in parecchi momenti, soprattutto durante le sue lezioni e a causa sua, professoressa. Come diceva M. L. King:
"c'è un'ingiustizia, c'è una minaccia alla giustizia!" Le dice niente? Talvolta quando ci penso le sue parole e i suoi atteggiamenti nei miei- e non solo - confronti mi pesano come un macigno; sento un languore allo stomaco, un tarlo che pian piano mi rode e mi fa stare male, nonostante cerchi di allontanarlo e di non pensarci. Troppe volte ho cercato di non

pensarci e mi sono posto la domanda: "perché?", ma solo lei potrebbe rispondere o anche no.

Io, essendo stando eletto rappresentante di classe mi sono spesso esposto in prima persona per difendere i miei compagni, andando presso il dirigente scolastico per tentare di salvare la mia classe e me stesso da azioni disciplinari che avrebbero colpevolizzato tutti, soprattutto chi era del tutto estraneo a quanto succedeva di volta in volta. Il mio espormi personalmente, anche con i prof levando la voce per tutti, talvolta ha portato voi e lei in particolare, cara prof, a prendersela con me, a ritenermi responsabile e a giudicarmi. Il suo comportamento partitario e poco obiettivo mi ha fatto chiedere spesso dov'era l'unità, il senso di gruppo, di appartenenza che ci dovrebbe accomunare tutti, professori e studenti, e dove il suo coinvolgimento verso la classe, nonché il suo senso di protezione e sensibilità verso di noi, a maggior ragione in quanto donna e anche madre.

Dopo un fatto piuttosto increscioso provocato da elementi esterni alla nostra classe -che lascio esporre a un mio amico -, io ho cercato di mediare - per dimostrare la nostra estraneità ai fatti- con la conseguenza sgradita e sgradevole di trovarmi lei e un altro prof ad accanirsi in maniera perfida, contro il mio operato legittimo, quasi fossi un criminale. Ho notato che solitamente l'unità tra voi colleghi non è il massimo, ma in questo frangente vi siete tutti coalizzati contro la mia classe, con cattiveria e insolenza, soprattutto lei e mi chiedo ancora come mai. Nessuno di voi ha fatto il benché minimo sforzo per capire appieno la situazione creatasi né di andare a fondo per scoprirne di più o ha ritenuto necessario interpellarci, appoggiarci o difenderci in alcun modo. Abbiamo avuto, infine, solo l'appoggio della vicepreside, che è venuta in nostra difesa dopo essere intervenuti parecchi nostri genitori che chiedevano, non di difenderci indiscriminatamente, bensì di approfondire il grave episodio e scoprire le reali responsabilità che erano esterne alla classe e a noi. Non fa parte dei vostri doveri stare dalla parte dei vostri studenti o perlomeno ascoltarli prima di processare e condannare? Il vostro dovere è non tollerare interferenze, girarvi dall'altro lato per non vedere, stigmatizzare tutto e tutti senza un minimo di empatia e obiettività verso i ragazzi che con molto fiducia vi sono stati affidati e dei quali siete responsabili? Non vi sfiora mai l'idea che noi soffriamo e peniamo esattamente come forse è successo a voi alla nostra età? E allora perché nessuno di voi tenta una sola volta di immedesimarsi con noi per capire quello che viviamo e quali siano i nostri sentimenti, le nostre ansie, le nostre paure e le aspettative? Perché fare in modo di farci perdere la speranza e la fiducia che dovremmo avere nella scuola, con la vostra indifferenza?

Lei non era del tutto rose e fiori neanche prima prof, ma poi, pur non essendo presente, dal giorno del fatidico "incidente" il suo atteggiamento nei miei confronti è cambiato radicalmente e mi ha dato contro in ogni modo e in ogni situazione come se io fossi colpevole e avessi assunto, non so perché, di colpo, una valenza diversa ai suoi occhi. Come se fossi stato io la causa di tutto, mentre la mia unica 'colpa' è stata quella di tentare di chiarire e difendere i compagni.

Ma non è tutto legato all'episodio accaduto. Si ricorda prof, quando ha detto in aula in modo esplicito che lei preferiva Matteo a tutti gli altri perché più nelle sue corde, si applica di più - come può dirlo? - e che "sì è vero" va per simpatie anche nel conferire i voti e non le importava di renderlo palese davanti a noi e che io, proprio io, non ero tra i suoi preferiti? (Non è dato sapere perché). Da quando si trattano meglio i più bravi non considerando chi ha più bisogno del suo tempo e delle sue attenzioni oltre che della sua comprensione?

Un buon insegnamento di imparzialità per i futuri adulti, secondo lei? Oppure un buon insegnamento per prepararci al futuro perché tanto il mondo, la società non è giusta e continueremo a prendere schiaffi in faccia sempre e comunque, anche se ci comporteremo bene, oppure proprio per quello? Molto triste non crede? Tutti noi abbiamo delle simpatie è naturale, nessuno può piacere a tutti, ma penso, nel mio piccolo, che in certi ambienti e in certi momenti si debbano accantonare per poter valutare i ragazzi singolarmente e obiettivamente senza distinzioni, magari con un'attenzione in più a chi è più chiuso e capirne i motivi non penalizzarlo. Chiedo solo di essere trattato in modo imparziale non di esserle simpatico, cosa che in definitiva non m'interessa particolarmente né dev'essere un obbligo da parte sua. Sbaglio prof? Lei mi risponda dall'alto del suo sudato titolo e della sua cattedra che a lei sembra un trono dal quale esercitare il suo potere insindacabile.

Si ricorda quando mi ha boicottato quando io a casa, con il mal di testa e dolorante per una brutta infezione da covid tentavo di seguire le sue lezioni online e lei faceva in modo da non connettersi con me per escludermi fingendo di non sentirmi? Quando io passando per i miei compagni ho fatto presente che non riuscivo a seguire bene le sue lezioni pregandola di farmi connettere, ricorda qual è stata la sua risposta? Che a lei non importava niente, non erano affari suoi se io stavo a casa malato - magari non ha neanche creduto quanto stessi male - e se non sentivo bene online di farmi passare gli appunti da qualcuno più motivato di me e così sono rimasto indietro e ho dovuto fare i salti mortali per equipararmi con gli altri al rientro? Il suo comportamento infantile e menefreghista mi ha costretto a chiedere ai miei di pagarmi lezioni private per stare al passo. Io ho solo sedici anni e lei 25-28 più di me, obiettivamente le sembra un comportamento educativo e maturo il suo? Le sembra di aver fatto bene il suo lavoro? A livello umano si sente soddisfatta?

Competente? Lo avrebbe accettato placidamente se si fossero comportati così con suo figlio, per dispetto? Non credo, perché allora dovrebbe essere giusto farlo nei miei confronti o di chiunque altro? Riesce a vedere la delusione e la mortificazione in faccia a un suo figlio in questo momento?

Io credo che educare vada di pari passo con l'insegnare, sbaglio? Sono io troppo ingenuo?

È tutto qua? No di certo, queste sono bazzecole.

Ricorda tutte le volte che mi ha detto in faccia, e davanti a tutti, con la semplice intenzione di mortificarmi, che ero un ritardato mentale, un anormale, un dislessico - quasi fosse una colpa se pure lo fossi stato e non è così- e per quanti sforzi avessi fatto non sarei comunque mai riuscito a prendere la sufficienza perché non capivo nulla? Ma lei come si permette, chi le dà il potere di dire a qualcuno che è un ritardato, che sia vero o meno? È da persona matura, da insegnante e da mamma comportarsi così? Le parole sono armi che feriscono e uccidono prof, come mai una persona come lei che si ritiene tanto istruita e in gamba non lo capisce? Fa parte della sua professione insultare e offendere gratuitamente i suoi studenti?

Possibile che non intuisca come io, o chiunque, possiamo stare dentro di noi a sentirci apostrofare così davanti a tutti, l'umiliazione che sentiamo, e chi le dà un tale diritto poi? I nostri diritti e la nostra dignità non contano niente o lei pensa di poter fare e dire tutto solo perché qualcuno più in alto di noi l'ha assunta e, senza conoscerla a fondo né intuire le sue piccolezze e la sua meschinità, le ha dato la responsabilità di più classi e di insegnare a dei ragazzi? Insegnare, appunto, non di offendere gratuitamente, nessuno la paga per questo ed è una decisione solo sua ed errata che potrei anche denunciare in sede idonea, ci pensa mai? Io, comunque non sono l'unico a essere preso di mira ed etichettato e insultato da lei nelle sue crisi estemporanee, sono in buona compagnia, quasi a confermare che lei abbia proprio un brutto rapporto con i ragazzi in particolare. Allora mi chiedo perché ha scelto di insegnare, perché ha optato per una professione che la metteva ogni giorno in contatto con loro se mal li sopporta? Per avere una scusa per scaricare su di noi la conseguenza dei suoi ormoni instabili e farci star male?

Mi ha interrogato insieme al suo pupillo, ricorda, che, manco a dirlo, ha preso un bel voto -nove- nonostante abbia risposto in modo stentato e approssimato a solo due domande mentre a me ne ha fatte su tutto il programma e pur rispondendo bene a tutto secondo i suoi parametri bacati e ristretti non sono stato all'altezza meritandomi solo un sette meno-meno. "Meno-meno", si rende conto, è ridicolo, ma siamo alle elementari prof? Un po' più di obiettività e giustizia no?

Cara prof, mi sembra superfluo stare a elencare tutto, perché parecchio altro ci sarebbe, pensi però, a quante volte lei mi ha umiliato e mortificato con cattiveria davanti a tutti con l'intento di farlo. A quante volte mi ha vessato scientemente; non me la prendo per i voti brutti, che comunque non meritavo, bensì perché ha calpestato il mio impegno, la mia sensibilità, la mia dignità e la mia personalità, sminuendomi ogni volta che le pareva, senza vedere in me una persona, o suo figlio, forse solo guidata dai suoi ormoni, anche loro sconvolti.

Sovrapponga ancora suo figlio a me tutte le volte che mi ha trattato male e mi dica se lei sarebbe contenta se qualcuno si comportasse a questo modo con lui, o con lei se è una figlia non so. Nonostante le sue parole so di non essere un ritardato grazie a Dio, anzi so di essere molto intelligente e forse anche più maturo di quanto non lo sia lei che, ha dimostrato la sua immaturità di fronte e tutti noi in svariate occasioni, penose per lei, che non sto a riferire. Soprattutto sono un ragazzo educato perché nonostante tutto la sopporto, un altro al mio posto, com'è successo in effetti, l'avrebbe mandata a… e lo sa bene.

Mi creda, non esagero se penso che lei non sia adatta a insegnare, perché è chiusa in sé stessa, non è capace di andare oltre, non ha libertà intellettuale, non ci aiuta come è insito nel suo ruolo e spero proprio che le nostre strade non s'incontrino ancora. Io non merito il suo comportamento vessatorio, oserei dire la sua persecuzione immotivata e le sue frecciate velenose, tuttavia le supererò perché, nonostante lei, so di essere un ragazzo in gamba con del potenziale, però, le dico che è lei a non meritare uno come me e non avrò un buon ricordo di lei.

Solo a causa sua per la prima volta dall'asilo una mattina ho aperto gli occhi e ho pensato: "no oggi non vado a scuola, non ce la faccio, non voglio vederla". "No quiero verla" come diceva Garcia Lorca in una sua poesia. Chissà perché me la ricordo ogni volta che lei mi torna in mente prof anche se non mi insegna spagnolo. Se pensa che questo sia un bel biglietto da visita per lei si sbaglia, continui pure così io posso solo consigliarle di guardare dentro di lei in modo obiettivo e di vedere in ogni ragazzo e in ogni ragazza delle sue classi, suo figlio e sua figlia e si comporti come farebbe con loro: li stimoli, capisca, tenda la mano e rispetti. Sa una cosa prof, proprio le sue offese mi hanno dato uno stimolo e una determinazione in più, mi hanno fatto capire che io posso essere padrone della mia vita e che posso fare qualsiasi cosa desideri se avrò la costanza d'impegnarmi, di guardare in alto anche con un po' di umiltà, se ci crederò con tutto me stesso, senza farmi fermare da persone vuote e insensibili come lei. Lo so ci sarà sempre qualcuno che sarà pronto a sminuirci, a dirci, come fa lei costantemente, che non siamo o non saremo capaci di fare qualcosa di utile, l'importante è non crederci e credere in noi, e io credo in me: dislessico, anormale, ritardato mentale... tutto ciò che vuole e non è, e sa la novità? Io credo di essere migliore di lei perché uso prima di tutto il cuore nei rapporti umani e lo farò anche in futuro anche professionalmente e perché so che cosa sia il rispetto qualcosa che a lei è oscuro. No, non farò mie le sue insicurezze e le sue paranoie, non permetterò che i suoi limiti diventino i miei limiti, nonostante tutto lei non mi potrà imporre o far credere un bel niente se io non vorrò. Sa cosa le dico, che è lei limitata perché non riesce a vedere quanto sia importante investire sui giovani e sul loro futuro e attivarsi positivamente affinché diano di più invece di frenarli umiliandoli.

A mai più cara professoressa, mi spiace solo che lei non capirà mai quanto sbaglia, non sarà mai obiettiva né comprensiva e continuerà a vessare, mortificare e a umiliare ragazzi sensibili, e anche in gamba, come me.

Suo - si fa per dire – Emanuele

Cari professori, mi chiamo Pietro, ora sono un adulto non più un ragazzo ed è da quando avevo 14 anni che vorrei dirvi finalmente, fuori dai denti, quanto siete ipocriti e falsi nel vostro modo di educare e insegnare, nonché vendicativi e bugiardi. Vi accuso di non aver saputo leggere dentro di me, per aver fatto a meno di me con il vostro comportamento una scheggia impazzita. Vi accuso per avermi bloccato, per avermi costretto a lasciare la scuola come non fossi più utile, facendomi credere che non avessi un futuro in essa con la vostra indifferenza, il vostro egoismo e la vostra cattiveria. Per non avermi visto meritevole di attenzioni o come un ragazzo da salvare, ascoltare e portare avanti, bensì solamente da distruggere per pura vendetta. Perché vi siete permessi di giudicarmi negativamente non per ciò che ero, bensì per il proprio tornaconto personale uccidendo la mia, forse, poca volontà, sbagliando proprio dove avreste dovuto eccellere cioè nella mia sana formazione, non motivandomi, facendomi fallire perché voi falliti ed egoisti, oltre il ruolo che vi siete imposti e dimenticato. Perché non vi siete resi conto che, in fondo, non ero proprio da buttar via, che con un po' di impegno avrei potuto dare molto di più se solo vi foste voi impegnati di più senza facili egoismi e superficialità.

Voi lo sapete, ed è vero, non sono mai stato un ragazzo che si nasconde dietro un dito e sono sempre stato invece, molto diretto. Non sempre è un bene, lo ammetto, e ne sono consapevole, soprattutto quando dall'altro lato ci sono adulti, come lei, prof, che hanno un grande privilegio che pensate vi sia venuto direttamente da Dio: cioè di esercitare, spesso male, su di noi un potere quale la bocciatura, come diritto, rivalsa intimidatoria, ricatto, vendetta. Così è successo a me. Bocciato, lasciato indietro, irrecuperabile, il mio carattere vi ha aiutato a farlo lo ammetto, tuttavia lei, e nessuno con lei ha pensato si potesse usare con me un diverso approccio, più umano e razionale. La mia vita e che cosa ne sarebbe stata dopo la vostra bocciatura vi ha lasciato, tutti, assolutamente imperturbabili, insensibili alle conseguenze che talvolta dovreste soppesare più attentamente.

Io non sono mai stato un modello di virtù, né in famiglia né a scuola lo riconosco, non è mai stato da me uniformarmi con il gruppo né mi è stato facile sottostare all'autorità se, a torto o a ragione, pensavo intraprendesse un pensiero o una strada sbagliata o che non mi si confaceva. Non sarebbe stato un motivo ulteriore per attenzionarmi un po' di più, andare oltre le apparenze, capire, recuperarmi, curarmi invece di ostacolarmi? Eppure, a posteriori, sondandomi a fondo so di non essere stato un cattivo ragazzo, se solo lei lo avesse davvero capito avrebbe fatto di me qualcuno in gamba, invece, ha preferito usare l'arma della vendetta, tradendo, anche, ciò per cui si era, o avrebbe dovuto, votato. Insegnare ai giovani, formarli in ogni sfaccettatura.

Il mio carattere esuberante, fumino dicono, al limite del rispetto forse è dovuto anche alla mia complicata situazione familiare e pure dal fatto che non mi è mai mancato il dio denaro. La mia famiglia si è fatta dal nulla: partita dallo stipendio di mia madre solo dopo anche mio padre ha iniziato a metterci del suo. Non è stato a guardare, ne ha messo veramente tanto: con la sua intraprendenza, la sua ferrea volontà e il suo ingegno e oculatezza in pochi anni è diventato uno dei più ricchi del settore dando alla famiglia non solo stabilità finanziaria bensì una grande ricchezza, purtroppo solo economica che non è andata di pari passo a quella affettiva... Infatti, più aumentavano le entrate, i soldi, meno c'era affetto, condivisione, carezze, tempo da dividere insieme, per noi. Se carezze ho avuto sono state quelle di mia madre perché la figura paterna riteneva quasi un dovere essere rigidi con i figli.

Non mi è mai mancato niente, a livello materiale, ero il rampollo di una famiglia più che benestante e invidiata, conteso e coccolato dalle mamme che facevano a gara a invitarmi a casa loro con la speranza di avermi come genero per offrire una vita agiata e sicura alle loro figlie, almeno dal punto di vista finanziario. Mi sono crogiolato in quel mondo con arroganza, senza mai farmi troppe domande, quasi mi fosse dovuto tutto, coltivando così un carattere presuntuoso, arrogante, egoista e spigoloso. Naturalmente non ha aiutato il rapporto sempre più conflittuale che nel tempo sviluppavano i miei, nel loro privato, neanche tanto privato visto che li sentivo ogni volta che litigavano e urlavano. Era ovvio che il vissuto in casa si ripercuotesse anche su di me bambino e poi adolescente, nonché sulla mia vita da studente e il mio carattere di ragazzo viziato e disagiato mi ha portato a essere talvolta a scontrarmi verbalmente con i professori, magari albergava in me la recondita speranza di trovare nella scuola e negli insegnanti quella stabilità, quella normalità di cui sotto sotto avevo un disperato bisogno e che, inconsapevolmente sapevo, mi mancava. Ciononostante, nessun professore ha mai indagato a fondo nelle mie azioni, nel mio comportamento, nella mia ribellione per cercare di carpirne i reali motivi e vedere di aiutarmi in qualche modo, neanche lei che mi ha illuso per un attimo di volerlo fare e perciò si è comportato poi peggio di tutti. Era più facile per voi tutti bollarmi come quello viziato, figlio di papà, superficiale, che aveva ogni cosa facilmente senza il minimo sforzo e se ne importava del resto. Nessuno è mai andato a ricercare se sotto la mia scorza dura e arrogante ci fosse qualcos'altro d'importante da curare e salvare. Nessuno si è premurato di indagare se ci fosse un altro motivo valido per quell'atteggiamento spavaldo, magari un cuore sofferente, un estremo bisogno di comprensione e affetto, una grave mancanza. Ho avuto indifferenza, freddezza, cattiveria, noncuranza, sono stato solo un numero tra tanti da bollare, giudicare e perdere senza umanità alcuna. Tutto ciò mi ha portato, infine, a lasciar perdere la scuola a metà delle superiori perché deluso, non vi trovavo nulla che mi attirasse, sotto nessun aspetto. L'abbandono scolastico mi ha fatto anche perdere una ragazza, oggi realizzata e famosa nel suo campo, che allora mi disse chiaro che non sapeva cosa farsene di uno come me che non intendesse laurearsi. Superficiale anche lei o forse non motivata da me ma da ben altro. Comunque, poi ho trovato una migliore che non si è soffermata su queste sciocchezze ed è stata capace di vedere oltre la superficie.

E per la decisione fallimentare di abbandonare devo ringraziare molto tutti voi, oltre che i miei: perché non mi avete notato, non mi avete valorizzato, non avete saputo stimolarmi, non indagato i miei disagi, mi avete avversato in ogni modo senza perdere tempo a capirmi e non siete andati al di là del vostro nobile naso di laureati, che a quanto pare vi salva da tutto. Non avete mai visto qual ero veramente. Troppo pieni di voi, fermi all'apparenza, tutti sul bianco e nero senza alcuna sfumatura da valutare e pronti a giudicare in modo livellatorio come se noi studenti fossimo tutti ragazzi uguali da trattare allo stesso modo errato. Infierivate soprattutto con uno come me che pensavate mi credessi superiore e menefreghista. Troppa fatica cercare di superare il mio brutto carattere, la mia corazza e capire i motivi della mia ribellione?

Io, allora, anche a scuola davo il minimo indispensabile, non mi ammazzavo di fatica, per me era solo un periodo da usare con leggerezza perché dovevo senza impegnare troppo me stesso e nulla mi entusiasma o coinvolgeva. In tutto cercavo di prendere ciò che volevo poi lasciavo senza pensarci troppo e l'ho fatto pure con le ragazze, anche con loro non faceva differenza, ero superficiale ed egoista, poi l'ho capito e ora ne sono consapevole, come lo sono che ero assolutamente recuperabile e mi sarebbe bastato avere una buona guida che, purtroppo, mi è mancata, sia a casa sia a scuola. Mi ha fatto pensare il giorno in cui lei professore mi ha preso da parte e mi ha propinato una bella lezioncina etica, sul comportamento corretto da adottare con le ragazze. Ha cercato di farmi capire che loro non sono degli oggetti da usare a nostro piacimento per poi gettarle via come oggetti vecchi appena ci siamo stancati e che bisogna rispettarle ed essere leali. Lì per lì ho tentato di ridere dei suoi consigli, poi ci ho riflettuto con calma e quella sua piccola attenzione verso la mia vita, quel fatto che avesse notato alcune cose di me, visto all'inizio un po' come intromissione del mio privato, al mio operato e al mio mondo, in seguito mi ha fatto piacere, lo ammetto. Certo "piacere", perché lei Mori mi aveva finalmente considerato e visto oltre i difetti, fatto sentire una persona e importante. Era un'attenzione che nessuno aveva avuto prima nei miei confronti e il seme della lealtà, della considerazione, dell'umanità e dell'altruismo, dell'aprirmi al mondo in modo diverso era pronto a germogliare in me. Mai nessuno, a parte mia madre talvolta, che però si rifiutava di vedere e ammettere le mie lacune e i miei difetti, aveva mai dimostrato di voler perdere il suo tempo con me per tentare di migliorarmi con giusti consigli. Non che io lo permettessi facilmente a essere sincero. Non ero stupido, però, e anche pronto a mettermi in discussione per qualcosa che ritenessi valido. Quella fu una novità che, lentamente iniziò a insinuarsi dentro di me portandomi per la prima volta a farmi iniziare un lavoro di introspezione e a mettere in dubbio qualcosa del mio comportamento, a farmi domandare se tutte le mie azioni fossero davvero lecite e corrette come pensavo e se il mio approcciarci, in ogni senso, potesse migliorare. Inoltre, per la prima volta vedevo un adulto con altri occhi, non come qualcuno da combattere, da intimidire, da deridere, da ignorare con indifferenza, bensì quasi come un alleato, qualcuno col quale potevo rapportarmi e parlare, qualcuno in cui credere e che poteva essermi amico. Lei mi aveva visto e cercato, nonostante la mia dura corazza era andato a trovare il mio cuore e la mia mente per curarli, detto qualcosa di importante! Significava che ci teneva a me tanto da insegnarmi concetti giusti e basilari che neanche mio padre aveva capito o tentato. Tutto molto bello vero? Sapesse quanto mi sono sentito bene e pronto a migliorarmi, solo per poche sue parole, per il suo atto di apertura verso di me.

Oh, professore! Quanto mi sono illuso invece, non potevo sbagliarmi di più. Che delusione è stata quella che avevo visto come un interessarsi di me come persona non solo come studente e un farmi essere una persona migliore. Tutto falso, la sua era solo esteriorità, una patina di perbenismo che bastava grattare un po' con un'unghia per scalfirla e trovare il marcio e sentire la puzza. E io le ho trovate entrambe, infine.

E io per lei stavo per far cadere la mia corazza, la mia facciata da ragazzo viziato, egoista e prepotente. In seguito alla sue, "pensavo", belle parole paterne, mi stavo aprendo a qualcuno che all'improvviso avevo visto in modo differente e che credevo di aver scoperto e ammirato. Avevo persino iniziato a mettermi in discussione, a comprendere che non mi comportavo del tutto in modo adeguato e mi proponevo di cambiare in meglio.

Sì, io stavo per credere alle sue belle parole: le donne si amano, si capiscono, non sono oggetti messi lì per il nostro passatempo e soprattutto si rispettano. Non che non fossero vere e giuste, assolutamente lo sono e l'ho imparato infine, tuttavia, era la fonte ad essere marcia e non valida. Come quando in un'indagine poliziesca si trova una prova importante, ma è stata reperita in modo inadatto, quindi, risulta inutile e l'accusa non la può usare, una 'prova avvelenata' si chiama: avvelenata proprio come lei prof.

Chi ha detto che il buon esempio è il miglior insegnamento? Certo qualcuno che lei non ha mai conosciuto, caro Mori.

È stato un puro caso che mi ha fatto aprire gli occhi e fatto capire quanto sotto la bella presenza e dietro le belle frasi siamo tutti un po' marci e che non bisogna mai credere né fidarsi fino in fondo di nessuno. Ecco a cosa mi ha portato lei, alla sfiducia! A non fidarmi men che meno degli adulti con la voce dolce che, come le sirene ti attirano per darti consigli fingendo di capire e aiutarti.

Non tornavo volentieri a casa per non assistere a discussioni o a lunghi silenzi carichi di astio tra i miei e perciò spesso mi attardavo a gironzolare per conto mio nel tentativo di ritardare il ritorno nella mia bella villa, invidiata, fredda e priva d'amore.

Quel giorno mentre passavo dal parco comunale, mi sembrò di udire, dietro un grosso cespuglio, il rumore di uno schiaffo, poi di un altro, quindi alcuni gemiti e parole irate e mezzo trattenute, quasi minacciose. Stavo per lasciar perdere, ma ero troppo curioso, mi chiami pure impiccione, e così guardingo, albero dopo albero, come il lupo cattivo nel bosco, mi sono avvicinato di nascosto. Le voci, entrambe, non mi erano nuove, e questo acuì la mia curiosità. Mi resi presto conto che le conoscevo bene, infatti. Una era la sua, professor Mori, e l'altra era della professoressa Silvestri che insegnava in un'altra sezione diversa dalla mia, ma la conoscevo molto bene, come tutti. Gran bella donna la signora e felicemente sposata, credevo, con il direttore della banca dove mio padre depositava i suoi averi. Nonostante gli schiaffi le cui impronte erano visibili sulle sue belle guance arrossate era chiaro che tra voi due c'era qualcosa di molto più intimo e intanto che io mi avvicinavo la situazione era cambiata e lei baciava ardentemente la signora che dopo un po' di resistenza ricambiò; evidentemente gli schiaffi non le avevano fatto cambiare idea sulla relazione. Sì, lo ammetto mi sono goduto tutta la scena e soprattutto i veloci cambi di direzione del suo comportamento ogni volta che la professoressa parlava e chiedeva qualcosa che lei sembrava non gradire. Eravate amanti, era lapalissiano, però, la signora pareva volere qualcosa di più e lei non era molto incline a concederglielo. La dolce signora passava dall'implorare al chiamarla stronzo arrogante, dal minacciare alla carezza e lei non lesinò le sberle intimandole che comandava lei e che la signora doveva solo obbedire. Lei, Mori, nonostante le lezioni a me, maltrattava una donna, verbalmente e fisicamente! Sono rimasto allibito. Non era stato lei prof a tenermi la lezione sul fatto che le donne non sono nostra proprietà, non dobbiamo usarle a nostro piacimento, che bisogna rispettarle e così via? Si predica bene e si razzola male, non è vero Mori?

Da quel giorno, sono stato molto più attento al suo modo di fare con noi studenti, e ho iniziato anche e controllare di più il suo privato. Che belle parole infarcite di correttezza e di riguardo nelle sue lezioni con noi e quando io e qualcun altro ci davamo da fare, intenzionalmente, per farla parlare delle donne andava a ruota libera e declamava tanti bei concetti e teorie da Nobel per la lealtà e il rispetto, ma che diversità di comportamento nella sua pratica, con la signora fedifraga.

"Ti sembra questo il modo di comportarti con le tue amiche, ieri stavi con una, oggi stai con un'altra e domani certamente con un'altra ancora. Ti sembra un comportamento corretto, dov'è la lealtà? sii maturo, sincero e non illuderle, il rispetto e la sincerità sono tutto in un rapporto, ricordalo..."

Si ricorda prof? Sono parole sue, sì, forse dovevo starmi zitto, tuttavia, avevo le parole proprio tra i denti e un giorno non sono proprio riuscito a trattenerle, avevo aspettato anche troppo, anzi.

"Davvero prof? Maturo, sincero, fedele e magari anche rispettoso, proprio com'è lei con la professoressa Silvestri, vero che si ****** - sì ho usato una brutta parolaccia- in pieno giorno e poi maltratta? Ci vogliamo mettere anche sua moglie nel quadro, mi dica, qual è il suo ruolo in tutto ciò? Prende a schiaffi anche la sua signora quando non è d'accordo con lei, io perlomeno prendo e lascio è vero, ma non ho mai dato una sberla a nessuna e..."

Lei era passato dalla sorpresa più assoluta alla rabbia animalesca scoprendo che ero al corrente della sua tresca e, ricorda? Prima che potesse riprendersi ho continuato:

"Lei può fare ciò che vuole nel suo privato a me non frega un cavolo, è un uomo debole e falso come tanti, almeno, però, non sia ipocrita e non venga a insegnare a noi ragazzi, a me, come ci dobbiamo comportare quando lei è il primo a non dar seguito alle sue stesse giuste parole."

"Tu… tu come osi, piccolo stronzetto, se non tieni a freno quella lingua ti troverai a…"

"… sì, che cosa farà sentiamo…"

Mi aveva preso per il colletto della giacca e spinto contro il muro spiaccicandomi come un francobollo, alitandomi in faccia, ricorda prof e mi ha lasciato solo quando ha sentito rumore di passi.

Dal giorno lei mi ha ignorato, tuttavia anche di tutto per farmi perdere l'anno. Non ero uno stinco di santo e i miei voti non erano mai stati da Einstein, però, di sicuro non meritavo quelli brutti e la bocciatura che lei si è premurato di farmi rifilare non solo nelle sue materie. Lei Mori era influente, e so che ha insistito con tutti i suoi colleghi, ha asserito categoricamente che non ero pronto a passare all'anno seguente e che meritavo la bocciatura completa. Ripetere l'anno mi avrebbe solo fatto bene e maturato. Lo ha fatto per il mio bene, quanto le sono grato! Mi è stato riferito anche che lei è stato molto convincente dicendo di conoscermi meglio di chiunque e non meritavo assolutamente di essere solo rimandato perché ero immaturo, bugiardo, soprattutto 'sfaticato', non avevo mai mostrato nessun impegno in niente e che pagavo i compagni per farmi passare i comiti e copiavo. Che infantile vendicativo. Lei mi conosceva! Che bella parola. Perché lei conosceva me o perché io conoscevo bene lei e i suoi peccatucci e aveva paura che parlassi? Io sono diverso da lei, Mori, sarò tutto ciò che ha detto, non copiavo però, tuttavia, sono leale e non ricorro ai ricatti per ottenere ciò che voglio e non sono vendicativo. Che scarsa soddisfazione la sua, la mia bocciatura perché lo avevo scoperto per ciò che era realmente! Come può uno studente avere fiducia in docenti del genere e continuare ad andare a scuola? È questo il modo di attirare i giovani, di aiutarli, di formarli e lei sarebbe chi ha il compito di forgiare, instradare e completare i giovani, prepararli per il futuro? La parola "insegnante" che significato ha per lei professore?

Io, in terza, dopo la bocciatura, ero così disgustato e sfiduciato che ho lasciato e mi sono cercato un lavoretto è vero, comunque non ho smesso di pensare, infine ho capito il mio errore e mi sono pentito di aver mollato. In seguito, ho ripreso a studiare anche perché non volevo darla vinta a un co… come lei e pur intuendo che ne avrei incontrato altri che però non avrebbero dovuto influenzarmi negativamente, perché si trattava della mia vita e nessuno doveva calpestarmi. Non ho ripreso per ripicca, bensì, perché ho capito quanto sia importante l'istruzione nella vita di ognuno e non è qualcosa che si fa per gli altri, bensì per noi stessi e decidere al contrario per un'ingiustizia subita non è affrontare il futuro con determinazione. Io credo di essere migliorato, nonostante lei, c'è chi però è rimasto lo stesso str**** di sempre. Lei, Mori! Stia bene e si goda le sue tresche, lei non aiuta i suoi studenti, non insegna, non educa, non forgia, non comprende in nessun modo la psiche dei ragazzi, è all'oscuro del giusto comportamento da tenere con loro, è solo un presuntuoso egoista, un ipocrita vendicativo, un piccolo uomo che tutto dovrebbe fare meno che insegnare nonostante la sua laurea con lode che tanto sbandierava.

Pietro

Cara maestra, sono Elena e parlo per il mio piccolo Simone che lei in prima e in parte della seconda elementare ha tartassato, minacciato e non solo, costringendomi infine, quando ho intuito che cosa succedeva realmente nella sua aula, a intervenire in modo drastico. Prima denunciando presso il direttore scolastico il suo comportamento negligente, impaziente, iroso, intimidatorio e violento e contemporaneamente togliendo praticamente mio figlio dalle sue grinfie, prima che fosse troppo tardi. E io non sono stata l'unica mamma ad averlo fatto, come lei ben sa.

Simone era, ed è ancora grazie a Dio, un bambino molto vivace e chiacchierone e a lei i bambini vivaci non piacciono tanto a quanto pare, li preferisce buoni e zitti, meglio ancora se sedati. In prima elementare Simone prendeva almeno una nota a settimana perché secondo lei con la sua esuberanza disturbava gli amichetti e la lezione. Iperattivo lei lo definiva, con deficit dell'attenzione, quasi fosse una colpa e, invece di trattarlo e capirlo con la delicatezza e l'attenzione dovuta, lo sgridava continuamente e spesso incitava anche me alla sgridata per calmarlo un po', mentre semplicemente spettava a lei approcciarlo in modo differente e usando gli strumenti adatti che, ora mi rendo conto lei non possedeva né si premurava di capire quali fossero. Non quelli da tortura, naturalmente. Io cosa avrei dovuto fare prima che Simone uscisse di casa, maestra, dargli un sedativo o doveva essere lei a intuire come gestire la sua esuberanza e le sue problematiche invece che limitarsi a urlare e a scrivere note su note e lamentarsi? Vuol farmi credere che non fosse di sua competenza capire come gestire certe situazioni oltre che fare lezione? I suoi studi non le hanno dato la preparazione adatta anche per gestire bambini con caratteristiche diverse o l'hanno indirizzata solo verso quelli incanalati in un certo modo, facendo distinzioni discriminatorie? Ci pensi su!

Anche la seconda per Simone è iniziata allo stesso maniera e io non sapevo più cosa fare oltre sgridarlo e chiedergli che stesse più calmo e attento in classe. Alla fine, sono stata io stessa a dire a un Simone, ogni volta più affranto all'uscita da scuola, di non prendersela eccessivamente per le note cercando al contempo di capire se ci fosse dell'altro di più importante nel suo accanimento e se non fosse motivato da ben altro che la vivacità del mio bambino. Alla fine, infatti mi sono convinta che lei avesse la nota facile quando ho scoperto che lo faceva un po' con tutti non solo con mio figlio e ho tentato di non darvi troppo peso. Spesso all'uscita, soprattutto dopo una nota, l'ho aspettata nel piazzale per parlarle maestra o era lei a fermarmi. Guardandomi scuoteva la testa per farmi capire che il bambino era stato monello poi però, minimizzava sempre:

"Sì Simone è esuberante, gioca troppo, chiacchiera con gli amichetti e distrae gli altri… tutti lo sono, ma si sa sono bambini…" poi candidamente in una specie di assoluzione finale quasi per addolcire le sue rimostranze, terminava dicendo: "ma no, in fondo è normale che non stia fermo e zitto, è un bambino vivace cosa deve fare, è bravo comunque, ha solo bisogno di tempo e piano piano lo capirà da solo."

Bella la teoria!

Era un controsenso continuo e spiazzava anche me. Dopo alcuni mesi, però, ho iniziato a vedere che non era più solo un problema di note sul quaderno e Simone, pur non rivelando niente di ciò che accadeva in aula, stava cambiando caratterialmente. Non andava più volentieri a scuola, al momento di uscire di casa faceva ostruzionismo come non era mai successo e talvolta piangeva. Ho saputo che alcuni bambini, anche il suo amichetto speciale, avevano cambiato istituto e tra mamme abbiamo iniziato a parlare e confrontarci. Così ho scoperto ciò che accadeva realmente in quella classe e subito ho preso anch'io la decisione di cambiare. È stata solo una decisone posticipata in quanto l'idea di spostarlo era nata in me già alla fine della prima quando avevo notato che qualcosa non andava bene. Se l'ho riscritto alla stessa scuola, pentendomene subito dopo, è stato perché mi sono fidata delle sue parole, delle sue rassicurazioni e dei suoi falsi sorrisi, maestra.

Lei insisteva a dirmi che il problema con Simone era risolvibile, che ci voleva pazienza e tempo e tutto sarebbe andato meglio. Ma meglio per chi? No, invece, avrei dovuto seguire il mio istinto e spostarlo subito e non era questione di tempo né per il bambino e soprattutto non per lei maestra, perché tutto andava male e ne era consapevole. Lei non era credibile, mentiva spudoratamente sapendo di mentire col sorriso sulle labbra mentre in realtà "maltrattava" i piccoli nel vero senso del termine: psicologicamente e fisicamente. Ad avere pazienza, oltre che imparare a insegnare e a comportarsi correttamente con i bambini, doveva essere lei non i bambini o noi. Certo, lei cara maestra minacciava Simone di picchiarlo se avesse parlato e riferito a noi il suo comportamento aggressivo, iroso e poco consono e questo valeva anche per gli altri piccoli, che uno dopo l'altro hanno abbandonato l'istituto, non certo per cambiare aria. Lei non minacciava solo lui, ma tutti indistintamente, anche se alcuni avevano più "attenzioni" da lei in questo senso, e il mio bambino "per paura" -e mi tengo bassa - non ne ha mai parlato con noi e ha continuato a ingoiare per non averne di peggio. Lei terrorizzava tutti e li picchiava! Picchiava maestra, è normale secondo lei? Mi risponda obiettivamente: cosa ne pensa di una classe dove non uno o due, bensì 14 bambini su venti, in seconda, hanno chiesto di cambiare non solo di sezione, ma addirittura istituto scolastico per non correre il rischio di trovare la stessa maestra in un'altra sezione o in un altro anno?

E chissà, forse per il resto della classe pur volendo non è stato possibile andarsene. Non è stata la solita, unica mamma, lamentosa ed esagerata a far cambiare scuola al figlio viziato o fragile, sono stati quattordici coppie di genitori che hanno presso la drastica decisione! Come mai? Semplice operazione collettiva dettata dalla mania di cambiare? Maestra, si è fatta questa semplicissima domanda e cercato una motivazione profonda? non sarebbe stato legittimo porsela, notando un tale esodo, anormale, dalla sua classe, non è d'accordo?

Probabilmente era del tutto normale per lei, altrimenti non saremmo arrivati a un tale numero e lei imperterrita a comportarsi come nulla fosse finché all'esodo non sono seguite le denunce mirate con il conseguente suo allontanamento a fine anno, come è successo.

Io non sono una di quelle mamme con i paraocchi e protettive al massimo, che se il figlio prende una nota sul quaderno corre a scuola urlando che lo stanno vessando e che le maestre non si devono permettere comportamenti simili. Al contrario, per prima cosa chiedo il motivo a mio figlio e lo sgrido se ritengo che la maestra sia stata corretta. Il mio primo pensiero non è che lei infierisca su bambini che si stanno appena affacciando alla vita e al mondo scolastico, per zittirli. Sono corretta e ingenuamente convinta che tutti lo siano; non lei, ho scoperto, purtroppo, a spese del bambino. Sempre piena fiducia e comprensione per le insegnanti da parte mia, dunque, anche quando talvolta non ero del tutto d'accordo, magari andavo da loro e ne parlavo in maniera civile, da madre a madre oltre che da genitore a insegnante e ci siamo sempre capite e chiarite. Con lei non è stato così. Lei maestra ha fatto di tutto per gettare fumo negli occhi, mentire per proteggersi e non far capire com'era realmente e cosa c'era sotto.

Nel caso di Simone e degli altri bimbi, che sono stati costretti a scappare da una bella scuola vicina a casa, il problema non era solo di diverse note sul quaderno, di troppa vivacità come voleva farci credere, c'è stato ben altro. Due terzi della classe non scappa in un'altra scuola senza un valido motivo e mi chiedo se lei maestra ora che alla migrazione sono seguite anche le denunce abbia capito che la causa è stata il suo comportamento malato e inidoneo nei confronti dei piccoli o se è ancora sommersa tra i suoi errori.

Le elementari sono, secondo me, le basi, la parte più importante del sistema scolastico, i primi instabili gradini che bambini di sei-sette anni iniziano indecisi a salire per affrontare l'impervio cammino della vita futura, non solo quella scolastica. A chi spetta aiutarli in questo arduo compito con competenza e comprensione? Il suo ruolo è solo teorico e ristretto come è convinta? Secondo lei non è necessario che i piccoli siano anche presi per mano e accompagnati con il sorriso e pazienza infinita in questa prima importante scalata della vita da personale selezionato, adatto, competente, profondamente motivato ed empatico? È così nella realtà, nello specifico lo è per lei? Alla luce di ciò che ho vissuto non mi risulta, è il contrario, anzi. Con lei maestra, e non solo, alcuni metodi e competenze dovrebbero essere oggetto di un severo controllo e rivalutazione. Io non esito a dirle che lei sbaglia il suo approcciare i piccoli e probabilmente i suoi studi sono del tutto superficiali e non orientati verso il loro benessere. È convinta che sia sufficiente insegnare una somma, una divisione o una poesia per aver assolto il suo compito? Non le sembra un po' riduttivo? Non so davvero cosa sia peggio, che non si renda conto dei suoi errori anche a livello emotivo o che comprenda appieno gli effetti del suo operato e reitera comunque.

Anche con gli altri figli ho avuto piccole spiacevoli esperienze, quella di Simone è solo l'ultima e di sicuro è stata la peggiore, grazie a lei.

Mi chiedo, una volta di più, se veramente bastino pochi anni di studio a volte superficiali e un semplice esame di abilitazione per immettere nelle classi elementari degli insegnanti non sempre maturi, non partecipi e inesperti, con poca competenza in campo pedagogico e soprattutto poco conoscitori della psiche infantile. È davvero sufficiente un diploma per essere pronti a stare a contatto di piccoli che di colpo devono fare un grande balzo e affrontare importanti cambiamenti e che hanno bisogno di essere sostenuti, instradati, capiti, sorretti, motivati, ascoltati, compresi, stimolati, difesi e quant'altro molto più dei grandi?

Cara maestra, lei ha spostato un suo problema su Simone, adombrandolo dei suoi errori, della sua inefficienza e portandolo a dubitare di sé stesso e a fargli pensare di essere lui quello sbagliato, ledendo la sua autostima e minando la sua serenità, mentre era lei a non essere all'altezza, a sbagliare approccio e non poco, con lui e con tutti quanti.

Simone è un bambino solare sempre e con tutti, che ha affrontato in modo molto positivo e aperto anche la scuola materna che non vedeva il momento di iniziare. Si figuri che là il primo giorno mi ha detto:

"ciao mamma vai pure, io inizio a conoscere e a giocare con i bambini".

Non ha avuto bisogno della classica settimana di inserimento perché lo ha fatto bene subito e senza problemi perché era un bimbo spigliato e comunicativo.

Naturalmente iniziare le elementari è più traumatico e più impegnativo e va da sé che lei doveva approcciarsi con lui, e con gli altri, in maniera del tutto differente e adeguata non come ha fatto impaurendo e mortificando tutti fin dai primi giorni. Le elementari sono l'inizio di un nuovo importante cammino, un diverso, più consapevole e responsabile momento di crescita, un percorso che loro sentono 'più da grandi' nel quale di colpo si trovano proiettati.

Si trovano ad affrontare impegni diversi, più complessi e tutti da esplorare che talvolta possono impaurire perché visti come nuovi e insormontabili. Sta alle maestre intuire come farglieli scoprire senza traumi, portarli verso la conoscenza conoscendo prima di tutto loro e guidarli con il sorriso, pazienza e comprensione lasciando da parte fretta e impazienza.

In prima i bambini si sentono spesso ansiosi, da loro ci si aspetta di più, devono abituarsi, ma gradualmente, a orari e regole più precise che non all'asilo; nozioni, lezioni e compiti più laboriosi con meno ore di gioco e di svago e necessitano quindi, secondo il mio parere, di un approccio più mirato nonché individuale talvolta, che sta ai maestri e maestre intuire quali siano i più adatti a ogni bambino e accompagnarli nel modo migliore e leggero possibile senza intimorirli o addirittura minacciarli e picchiarli. Lei lo ha fatto maestra? Si è messa prima di tutto nei loro panni, li ha osservati, ascoltati e percepito le loro difficoltà e i loro timori poi cercato di dissiparli? Ha cercato di capirli, leggerli e conoscerli? In realtà, ha fatto molto più. Li ha intimoriti, li ha terrorizzati e anche picchiati quando non ubbidivano ai suoi 'ordini' e non stavano fermi e impettiti come tanti finti soldatini.

Sa che cosa significa il sostantivo "maestra" che la identifica? Credo che i suoi studi comprendano anche il latino, ma lei si è mai fermata sul termine che racchiude tutta la sua professione?

La parola maestro si collega al latino 'magister' cioè maestro e all'unione di 'magis' = grande più il suffisso comparativo 'ter'. Perciò etimologicamente nello specifico maestro significa "il più grande", il più esperto, il più competente in merito a una materia, un'arte, un'abilità. Così 'grande' da essere un essenziale "punto di riferimento" per chi intenda acquisire certe conoscenze. Lei si sente così maestra? È così compenetrata nel suo ruolo? È un punto di riferimento stabile e salvifico per i suoi bambini? È qualcuno a cui i piccoli guardano come a un nord magnetico entusiasti e con estrema fiducia? È una maestra, una persona con la quale i bimbi affidatagli si possano sentire sicuri, tranquilli, alla quale guardano fiduciosi e con affetto e aspettano e credono, a ogni parola esca dalla sua bocca per imparare e crescere? Si risponda da sola, oppure lo chieda a tutti quei bimbi che sono scappati dal suo tipo di insegnamento e da lei. Io ho cercato a casa, in famiglia, di spronare Simone, di capirlo, parlandogli, sostenendolo, incoraggiandolo in ogni suo momento di sconforto e di disistima… e lei è stata all'altezza del Suo Importantissimo compito di maestra, la più grande? Stava a lei intervenire in modo adeguato con loro invece è arrivata a minacciarli per coprire le sue mancanze e il suo brutto carattere e secondo noi mamme che siamo state costrette, in seguito al suo operato, a far cambiare scuola ai nostri figli, lei ha fallito miseramente e, chissà, chi è rimasto forse non ha potuto, per motivi vari, cambiare scuola, certo non sta ancora là per le sue competenze. Lei non è assolutamente competente né idonea a stare con dei bambini così piccoli, o anche più grandi, e non può insegnare, non fa onore a lei, alla scuola o al significato recondito che identifica il suo ruolo.

Volendo sorvolare sul piano pratico, già di per sé importantissimo, vogliamo parlare di quello psicologico emozionale? Io non sono una psicologa, sono solo una mamma che ha fatto un percorso di studi differente, ma vorrei suggerirle di pensare a fondo e seriamente quale sia stato l'impatto su Simone - degli altri bambini penso parleranno le loro mamme - il suo comportamento distorto, cattivo, intimidatorio, minaccioso, la sua violenza verbale, gestuale, psicologica e infine anche fisica.

Lei, maestra ha mai osato far sua una sola delle difficoltà che un bambino deve affrontare ogni mattina entrando in aula, nella sua aula? Oppure ha guardato solo con i paraocchi e pensato di svolgere il suo cosiddetto lavoro con il meno impegno possibile, limitandosi a dare solo nuove nozioni e a farsi ascoltare a suon di urla, spintoni e peggio se i bambini non si comportavano come lei desiderava? E cioè zitti e attenti, meglio ancora se imbambolati e che non interferissero su ciò che lei voleva? Ha mai pensato che anche loro sono degli esseri umani e anche più fragili, con dei diritti e libertà, e che a differenza sua avevano solo sei sette anni e che spettava a lei aiutarli a superare gli scogli che eventualmente emergevano durante il loro percorso ed erano, invece, costretti ad affrontarli da soli a tutto tondo, inoltre anche lei e il suo carattere distorto? Ha mai provato a renderli più attenti e partecipi, invogliarli e stimolarli con un altro approccio che non fosse coercitivo e dittatoriale? Comprendere, inoltre i disagi che affrontavano nel loro rapporto con diverse persone del tutto sconosciute all'inizio, con le quali dovevano rapportarsi quotidianamente e il dover integrarsi nel nuovo ambiente? Ha mai pensato che, invece di continuare a mettere note sul quaderno a tutta la classe non fosse stato il caso, qualche volta, lasciar perdere la lezione di italiano o altro e "parlare con loro e di loro"? Sentire e capire i loro timori e le speranze, le ansie e i desideri, oppure di giocare e ridere insieme per una volta e ascoltarli, capirli? Troppo complicato? Esulava dalle sue competenze? Ne è sicura?

Mi chiedo perché basare tutto sulle competenze nozionistiche da inculcare nei bambini come se fossero solo dei sacchetti vuoti da riempire al più presto di date, storielle e numeri da imparare a memoria. Perché non intervenire su di loro in modo globale e anche discrezionale prendendoli non solo come dei bambini quali sono che hanno bisogno di più attenzioni, ma anche come "singoli bambini", con le loro diversità, con i loro differenti bisogni, caratteri, talenti e necessità. Troppo comodo nel fare di loro... detto fin troppo e con superficialità, di "tutta l'erba un fascio" e non riuscire a vedere, nella sua cecità, che ogni erba è diversa dall'altra e che ognuna bisogna trattarla in modo differente e mirato perché cresca bene, altrimenti si possono fare danni irrimediabili.

Anche Plutarco diceva che "la mente dei ragazzi non è un vaso da riempire ma un fuoco da accendere" e allora perché le insegnanti non si comportano come le sacre vestali e non sentono come primario dovere non solo accedere questo importante fuoco, ma anche aver cura di tenerlo acceso e controllarne le fiamme?

D'altronde in aula ora sono presenti più maestre, è dunque, meno complicato dedicare il tempo necessario ai bambini e unirsi anche per fare un lavoro migliore. Inoltre, mi chiedo anche - cosa importantissima - come mai nessuna delle sue colleghe abbia portato all'attenzione dei vostri superiori il suo comportamento inadatto e siano state tutte complici per anni in una situazione altamente pericolosa. La loro omertà, connivenza, complicità, il coprire le sue mancanze, chiamiamole come preferisce, secondo me sono da condannare quanto il suo cattivo comportamento.

Non tutti i bambini riescono a stare seduti, attenti, zitti, ubbidienti allo stesso tempo o imparano nello stesso modo a farlo... ognuno ha i suoi tempi e questo non significa che il piccolo che non lo fa o ha altri tempi è inferiore all'altro, che bisogna urlargli contro per metterlo in riga, tacciarlo di non essere normale fino ad arrivare a "picchiarlo" per farlo stare fermo e zitto, come è successo. Non potrebbe significare che ha bisogno di un aiuto diverso dall'imposizione per approcciarsi con il nuovo ambiente? Più comprensione magari? I tempi non sono uguali per tutti, perché i bambini e i caratteri sono diversi, l'adattarsi alle novità è diverso, ognuno ha un suo mondo particolare che bisogna scoprire, stimolare e mettere in luce non coprirlo con metodi standardizzati e infine colpevolizzarlo se i suoi tempi o l'apprendimento sono differenti. Non dovrebbe ricordare, maestra, che si educa con quello che si dice, di più con ciò che si fa e più ancora con quello che si è? Si chieda se lei lo ha fatto.

Quante volte lei mi ha confermato che tutto in aula e con i compagni/e andava bene? e così siamo andati avanti fino a che tutto è precipitato. Io ho sospettato perché Simone ha iniziato a palesare un cambiamento impercettibile, ma graduale: era diventato pauroso, meno solare, più portato al pianto, si nascondeva, talvolta era più aggressivo. Sa che cosa mi ha confermato che qualcosa di brutto accadeva a scuola? Che quando lo sgridavo, anche leggermente, lui si portava le braccia in alto a nascondere la testa e la faccia, come solitamente fanno i bambini maltrattati e io non ho mai toccato mio figlio con un dito. Simone aveva paura, ma non di me, il suo gesto di coprirsi era diventato automatico per le tante volte che ha dovuto difendersi "da lei"! Dai suoi urli e dai suoi gesti.

Quando a metà della seconda l'ho tolto dalle sue grinfie Simo era un bambino diverso, più triste, deluso, pauroso. Io mi sono dovuta affidare ai suoi racconti, estorti in vari modi, per capire dei suoi vissuti durante le lezioni e lui non si confidava per timore. Non potevo avere, purtroppo, un rapporto diretto su ciò che avveniva e dovevo necessariamente far ricadere su di lui una serie di responsabilità e intuire dalle sue parole e dai suoi gesti ciò che riempiva le sue ore da scolaro e infine sono arrivata al nocciolo della faccenda.

Simone un giorno ha ceduto e mi ha raccontato tutto: del suo atteggiamento, dei suoi urli e delle sue minacce, in lacrime e dispiaciuto perché uno dei suoi amici era stato "picchiato". Picchiato maestra e siamo nel 2022 non più nel Medioevo e Simone era sconvolto! Confrontandomi con le altre mamme poi abbiamo scoperto anche di più. Avere la conferma dei sospetti e contattare un'altra scuola a pochi mesi dall'inizio della seconda è stato salvaguardare mio figlio sotto ogni punto di vista, allontanarlo da lei l'unica e migliore cosa da fare.

Come può solo pensare che sia corretto urlare contro un bambino di sette anni, agitargli il dito davanti alla faccia, strattonarlo, sbattergli i quaderni in faccia prenderlo per le spalle, e letteralmente, sbatterlo in malo modo sulla sedia, inoltre minacciarlo di peggio se solo avesse osato riferirlo ai genitori, e picchiarlo provocandogli dei lividi a livello fisico e ancor più a livello psicologico? Come può essere convinta di essere nel giusto nell'intimidire così un bambino in un momento tanto sensibile della sua crescita, in un momento in cui già tutto per lui è una novità da affrontare a volte con fatica? Parlare, dialogare, sorridere, usare un altro approccio più adatto a dei bambini no? E ciò che ha fatto a Simone è, forse, da un certo punto di vista, meno di ciò che è capitato ad alcuni suoi compagni, anche se è comunque ingiustificabile e non la assolve dagli abusi psicologici che non sono inferiori a quelli fisici solo perché i lividi non sono visibili.

Sa che ora Simone a distanza di due anni non vuole neanche sentirla nominare e all'accenno del suo nome si spaventa e cambia discorso? Ancora dopo due anni! Si rende conto quanto profonda è stata la sua ferita e quanto ancora persiste il disagio causato da lei?

Gli episodi abusanti e aberranti nella classe di Simone sono stati continuativi e nascosti e sono venuti fuori in modo drastico, e qui lascio ad altre mamme parlare per i loro piccoli se volessero farlo. Per poco il suo comportamento, maestra, non ha creato danni permanenti e non è stato da meno il comportamento iniziale dei dirigenti scolastici, avvisati in diverse occasioni della sua condotta, che non hanno dato subito credito alle lamentele dei vari genitori che secondo loro:

"queste mamme si lamentano sempre di tutto e difendono sempre i figli a oltranza invece di dargli le due belle sculacciate che si meritano, come si faceva ai miei tempi."

Così è stato detto e vorrei sapere se loro sarebbero altrettanto intransigenti se si trattasse dei loro figli e ricorrerebbero alle sculacciate come si faceva ai loro tempi. Sbagliano nei loro ruoli però hanno anche la presunzione di insegnarci come educare i nostri figli, senza dare il minimo beneficio del dubbio o porsi domande legittime. E solo dopo l'esodo di tanti bambini dall'istituto e la pioggia di denunce da parte dei genitori siamo stati presi sul serio e sono arrivati i provvedimenti. Seri? Ne dubito. Obiettivamente maestra: trasferirla, spostando il problema in altra sede, e affidarle un'altra classe di bambini da rovinare sarebbe un provvedimento serio, secondo lei, anche se certamente sarà arrabbiata con tutti noi e il suo punto di vista è ben diverso dal nostro? Però poi leggiamo sui quotidiani che una maestra è stata "sospesa e privata di parte dello stipendio" perché ha "osato" far recitare ai bambini alcune preghiere prima delle vacanze di Natale. Siamo all'assurdo! Forse è il caso che il ministero torni un po' con i piedi per terra e rifletta per bene e su chi assume e sui provvedimenti non sempre adeguati che mette in atto.

È incredibile e allucinante che si possa dare la responsabilità di una classe di bambini di sei sette anni a una persona affetta da bipolarismo: farle cambiare sede può portarla a differenziare il suo modo di approcciarsi? Cara maestra, niente di personale, anzi sì, tanto di personale, se le dico che lei non è adatta a insegnare, soprattutto a dei bambini che si stanno affacciando alla vita e che sono, nel bene e nel male come spugne pronte ad assorbire ogni insegnamento e anche sensibili a ogni atteggiamento che può rovinare o influenzare negativamente il loro carattere plasmabile, dietro minacce. Si curi per favore, per il suo e il bene dei piccoli che malauguratamente sono ancora sotto il suo insegnamento. La colpa a questo punto non è solo sua. Lo è perché dovrebbe capire che non può stare in un determinato ambiente e lo fa con omertà non palesando la sua malattia al momento dell'assunzione. La responsabilità maggiore, però, è da parte del provveditorato che pensa di risolvere il grave problema spostandola semplicemente di classe, invece di intervenire più radicalmente e in maniera appropriata, dando prova di superficialità e ignorando il benessere dei bambini.

Si dice che un bambino, un insegnante, un libro e una penna possono cambiare il mondo più delle armi, tuttavia, serve quell'"insieme" che lei non sembra disposta a dare né pare aver recepito, a prescindere dai motivi. Se non lo dà o non può darlo le dev'essere fatto obbligo ritirarsi e lasciare il suo posto a chi intende espletare in modo onesto il suo ruolo, il suo tempo, la sua missione. Non dovrebbe mai dimenticare che con la sua professione può cambiare la faccia del mondo e tenere presente che anche divertirsi e far divertire fa parte dell'insegnamento e che divertimento non significa non imparare.

C'è molto da cambiare nell'insegnamento e chi comanda non dovrebbe accontentarsi di numeri da dividere tra gli istituti e di accettare come "insegnante" ogni persona che abbia conseguito un diploma e il superamento di un'abilitazione senza controllare a fondo prima di tutto il lato umano, empatico, caratteriale e anche quello sanitario, di chi assume. Tutti i titoli potrebbero essere solo carta straccia se non abbinati alle intenzioni e a una seria preparazione che non sempre un diploma è in grado di dare. Invece si accetta chiunque, senza approfondire, sbattendoli senza troppi pensieri in aula e affidando loro una classe di piccoli che hanno più bisogno di essere seguiti che non all'università, a livello emotivo caratteriale, proprio perché più fragili e in formazione.

Io posso dire che il mio piccolo Simone da bambino aperto e solare qual era stava cambiando sotto i miei occhi fino a perdere l'entusiasmo nell'alzarsi la mattina per andare a scuola e questo a causa di ciò che sapeva lo attendeva in classe. Quanto poteva essere terrorizzato se non riusciva a confidarsi in casa in seguito alle sue minacce? Lei è proprio convinta che faccia parte del suo dovere di insegnante alzare la voce e le mani su un bambino di sette anni? Questo succedeva negli anni Quaranta Cinquanta, e non era scusabile neanche allora, ora siamo nel 2022 e le menti e l'insegnamento dovrebbero essere un po' più aperti verso gli studenti non crede? Come si permette di spintonare, di sbattere i bambini sulla sedia, di sbattergli i libri in testa, di urlargli sul viso, minacciarli e peggio? Pensi a quanti bambini, io so del mio e di quelli della sua classe e non credo siano i primi, hanno iniziato a cambiare carattere, diventare introversi, timorosi e sfiduciati dell'adulto, o hanno iniziato a piangere la mattina alzandosi rifiutandosi di uscire e di non voler più andare a scuola per non parlare di altre manifestazioni peggiori. Quanti terrorizzati e delusi superavano la porta della propria aula aspettandosi una mattinata infelice? Quanti ne ha rovinati lei maestra sotto tanti punti di vista e soprattutto umana, ci pensa mai a questa sua grande responsabilità?

Io dopo poco tempo nella nuova scuola ho visto di nuovo mio figlio cambiare completamente in meglio e rifiorire. Ora frequenta la quarta ed è davvero rinato, è un altro, più sereno, contento, disinvolto sempre vivace e chiacchierone certo, ma è un altro mondo, anche se pure qui c'è una maestra che tenta talvolta di risolvere i problemi urlando ed è già stata richiamata. Eppure, Simone ancora non è del tutto esente dagli strascichi per ciò che ha subito nei suoi trascorsi.

Maestra, lei ritiene che sia giusto costringere i genitori a cambiare scuola - e pagare come ho dovuto fare io - per ottenere ciò di cui ogni bambino ha diritto in un'aula scolastica? Correttezza, umanità, immedesimazione e pazienza tanto per dirne alcune? Io sono arrivata a tempo per fortuna, e se ho aspettato è perché mi sono fidata di lei che sorridendo mi diceva che tutto andava bene, era solo questione di tempo e Simone si sarebbe abituato. Abituato a sottostare al suo comportamento scorretto intendeva dire? Altrimenti? Senza parole.

Come ha potuto essere così falsa sapendo quale fosse la sua indole e la sua malattia, per la quale mi dispiaccio ci mancherebbe?

Non solo nozioni e sapere sono dovuti a un bambino, ma anche rispetto e comprensione e un approccio più corretto, non per lo stipendio che le arriva a fine mese, cara maestra, ma per poter essere fiera di stessa, per aver fatto bene il suo dovere e aiutato i piccoli. Perché insegnare è un percorso lavorativo importante che lei ha scelto e nessuno le ha imposto, perché, anche se fosse il contrario, qualsiasi cosa si faccia nella vita bisogna comunque comportarsi responsabilmente nella maniera migliore soprattutto se si ha a che fare con bambini.

Ha capito a fondo il male che ha fatto a tanti piccoli o forse è persino irritata per le denunce che le sono state rivolte?

Si è almeno resa conto di quanto sia fortunata ad avere ancora una professione stipendiata, che non merita secondo me? Io spero solo che la lezione le sia servita e non per lei naturalmente.

Tutti dovrebbero ricordare che l'infanzia e la fanciullezza non sono gare a chi cammina prima, parla prima, legge prima… tutto prima degli altri, altrimenti si è inferiori. È bensì un periodo, una fase della vita di ognuno e ogni bambina/o ha "il diritto" di vivere e d'imparare nel rispetto dei suoi tempi. Dall'esterno devono venire una guida, un aiuto, comprensione e tanti stimoli, non tranciare giudizi e perpetrare abusi con prevaricazione obbligandoli ai propri desideri.

Purtroppo, la scuola, la sanità e la società oggi tendono a classificare, etichettare, tutti i bambini, e non solo, nello stesso modo. Ora da appena si nasce tutto rientra in tabelle e schemi predefiniti e se qualcuno non è all'interno di quei parametri rischia di sconfinare nell'anormalità. Se sono troppo calmi si definiscono ritardati, però se troppo vivaci sono iperattivi e raramente si pensa al bambino come singolo individuo con le sue peculiarità che non per forza significano fuori dalla norma o da sanare.

Ci sono bambini che agiscono a modo loro con un passo più veloce di altri oppure meno, chi nota una cosa prima, chi la vede dopo, chi è più pronto, chi mette un dentino dopo, chi invece che mamma dice prima papà. Bisogna sempre intendere le differenze per anormalità? Sono specificità, tante diversità che li rendono unici e speciali in tutti i sensi, non sempre in linea con le tabelle forse, e il piccolo non deve rischiare di essere considerato diverso col rischio che questa distinzione alla fine lo farà sentire davvero sbagliato dentro di sé. C'è quello calmo e gli adulti lo etichettano come più assennato - assennato perché, magari soffre proprio perché non riesce a esternare ciò che davvero vorrebbe, è anormale? - c'è chi sente tanta vitalità e la butta fuori correndo da una parte all'alta, gridando, strillando, muovendosi, parlando. Tutto ciò significa solo che sono bambini diversi tra loro, non che uno è 'anormale' solo se non fa ciò che fa l'altro. Certe tabelle, fatte per età dovrebbero lasciare qualche libertà discrezionale in più e non ricorrere subito alle più disparate sigle o acronimi per un'altra catalogazione. Adhd, dsa, deficit vari e così via.

I bambini non sono prodotti in serie in fabbrica e non sono sovrapponili uno all'altro. Ognuno è sé stesso, la somma di un'infinità di varianti nel bene e nel male, ed è proprio la loro diversità a fare la bellezza. Senza schede alla mano cerchiamo di vedere ogni piccolo per ciò che è con caratteri, peculiarità e tempi differenti con delle unicità che sono solo sue che non devono essere considerate anormalità da nascondere o curare per forza e che fanno di lui in bambino speciale, che non deve intendersi diverso, almeno non nel senso dispregiativo del termine.

Siamo sempre noi adulti a valutare secondo standard prefissati, anche quando non tutte le differenze rientrano nel patologico. Ogni bambino esterna il suo carattere e ciò che sente dentro in modi diversi.

Nella maggioranza dei casi non significa che un bambino vivace o iperattivo abbia una sindrome da curare e si debba trattarlo come un malato; spesso ha solo bisogno di quei famosi 'suoi tempi' per assorbire le novità e metabolizzarle a modo suo e penso sia errato imporgli qualcosa che in quel momento rifiuta o viceversa. Magari ha solo più bisogno di attenzioni e comprensione. Ogni bambino ha un suo talento, o più talenti, e non tutti guardano lo stesso punto nello stesso istante. È il talento particolare di cui ognuno dispone che bisogna spronare e coltivare, perché lo ha in sé non acquisito ed è solo suo: è da stimolare perché un talento sprecato è un delitto come lo è insistere troppo su qualcosa che non si ama e che s'impara solo per saperlo, perché serve. Perciò basta classifiche, basta etichette, rivalutiamo i bambini per ciò che sono in base alle loro unicità personali e lasciamoli più liberi senza incanalarli in tunnel forzati per tabelle o secondo i nostri voleri. Con questo non nego che non esistano problemi di comportamento da attenzionare e curare quanto prima, talvolta. Ce n'è anche troppi, purtroppo, solo che oggi si fa troppo velocemente a livellare tutti con dettami e pregiudizi se si è fuori dalla riga e talvolta un po' di elasticità non guasta se non si vuole fare dei danni maggiori al bambino.

Pensiamo che i bambini, come il mio Simone e tanti altri, magari, sono soltanto più speciali e hanno più bisogno di affetto e pazienza. Dovrebbe essere la scuola a capirli di più, a cambiare un po' e adattarsi a loro e non il contrario.

Elena

***

Cara maestra, noi ci davamo del tu un tempo, tuttavia, ora preferisco darle del lei per mantenere tra noi una sorta di doverosa e fredda distanza. Sono Donata la mamma di Lorenzo. Lui è tutto ciò che mi è rimasto al mondo da quando una malattia incurabile e fatale mi ha portato via mio marito nel fiore degli anni lasciandomi da sola ad affrontare un cammino che ci eravamo promessi di fare in due. Lei conosce molto bene la mia situazione, tuttavia io sono venuta veramente a conoscenza della sua dopo che un giorno ho scoperto un grosso livido addosso a mio figlio. Lorenzo, lei lo sa bene, è un bambino intelligente, vivace come tanti bambini, anche se dopo il trauma del papà si è un po' chiuso in sé stesso. Solo un po' forse, perché non ha capito appieno l'entità della perdita, anche grazie al mio sostegno e a quello di tutta la famiglia.

Alle mie domande il merito al livido il bambino ha risposto che non ne sapeva niente, forse si era fatto male cadendo mentre giocava a ricreazione con gli amici. Cose che capitano ai bambini e purtroppo al momento non mi è stato di aiuto per capire che invece c'era dell'altro. Il suo cambiamento caratteriale, la sua introversione, la ricomparsa dell'enuresi notturna, il suo rifiutarsi di andare a scuola, il suo piangere al momento di alzarsi dal letto, li associavo in tutto al nostro lutto.

Quel livido però mi ha fatto riflettere e ho iniziato a indagare più a fondo, con Lorenzo, senza farglielo capire e di più con le altre mamme. Ho scoperto che ben sei bambini si erano trasferiti in un altro istituto scolastico, altri avevano fatto già richiesta per raggiungerli e interpellando le mamme e indagando mi hanno riferito che lei cara maestra non si era comportata con loro in maniera del tutto corretta, per usare un eufemismo, anche se non su tutti i bambini erano stati riscontrati dei lividi, tutti erano stati maltrattati a livello fisico e verbale. Le altre mamme e io abbiamo scoperto un vaso di Pandora e lei lo sa bene maestra Franca o non si è ancora chiesta come mai tanti bambini della sua classe hanno chiesto finora il trasferimento, che non è qualcosa che si fa a cuor leggero, bensì solo per gravi motivi? Forse Lorenzo ha impiegato più di qualcun altro bambino a superare i suoi traumi, ma lei sa che la sicurezza di andare in un luogo diverso, sereno, dove pure lo si sgrida, ma in un certo modo, senza urla e senza alzare le mani e non lo si minaccia, ha fatto un miracolo in lui? Ora non è più introverso, ride, gioca, scherza, si alza la mattina senza piangere e niente più enuresi notturna. Inoltre, apprende le lezioni molto più facilmente, non è uno stupido come, quasi, lei voleva farmi credere invece di chiedersi e di indagare sul vero motivo del perché Lorenzo fosse un po' più lento degli amichetti. Lei ha messo in dubbio le qualità del mio piccolo, la sua intelligenza, il suo talento, mentre era solo lei da biasimare. Non ha avuto con lui un po' di premura o comprensione anche essendo a conoscenza della sua grave perdita, non gli è stata vicino né andata incontro in alcun modo nel suo momento particolare e triste di bisogno anche affettivo, in un periodo molto problematico a livello umano e familiare, anzi lo ha picchiato e minacciato di fare peggio se mi avesse avvisata delle sue azioni errate. Che razza di donna è lei umanamente parlando? tutto perché Lorenzo non riusciva a stare attento in classe come lei pretendeva, perché si distraeva e talvolta era assente. Come ha potuto non intuire il suo dolore nascosto, almeno come mamma, se non come maestra, non avrebbe dovuto fare di tutto per arrivare al suo cuore e aiutarlo?

Dire quanto sia indignata, arrabbiata e incredula è poco. Le chiedo: lei, maestra si è mai messa in dubbio? Si è mai chiesta se il suo comportamento fosse la causa delle negligenze, delle paure, dei silenzi, e altro, dei bambini che erano affidati alle sue cure, perché di quello pure tratta un insegnamento. "Prendersi cura, capire, educare". Si è chiesta se c'era una sua responsabilità nelle loro azioni e reazioni e del male che stava facendo loro e in particolare al mio piccolo in condizioni emotive più sensibili di altri? E lei addirittura lo picchiava! Come ha potuto essere così cieca e insensibile nei suoi confronti e nei confronti di tutti in realtà, perché nessun bambino, qualsiasi periodo attraversi, si tocca o si maltratta a nessun livello in realtà.

Si è mai posta una domanda sul reale motivo per cui tanti bambini sono scappati in massa e soprattutto ha mai cercato delle risposte sincere mettendo il dubbio il suo operato? Come può guardare in viso i suoi bambini e sentirsi soddisfatta, assolversi dai comportamenti errati che usa nei confronti degli altri perché non sono suoi?

Io, avrei dovuto adire a vie legali contro di lei per ciò che è successo a Lorenzo, so che altri genitori lo faranno e lo sa bene, tuttavia, non lo faccio non per rispetto e lei, che ha una famiglia, ma per rispetto a mio figlio. Non voglio rinvangare fatti che lo hanno ferito oltre che nel fisico anche nella dignità e a livello psicologico. Voglio fargli dimenticare al più presto le cattiverie che ha riversato su di lui e non fargli perdere quel po' di serenità che è riuscito a riconquistare dopo l'allontanamento da lei, ora che con difficoltà a riiniziato a costruire mattoncini sereni per il suo futuro. Ho parlato chiaramente con il responsabile scolastico chiedendogli di intervenire in modo più che deciso con lei, anche per la salute mentale e fisica degli altri bimbi rimasti. Ho molti dubbi che si arrivi realmente a una scelta radicale nei suoi confronti e mi dispiace per i bambini che ancora dovranno sottostare al suo sbagliato metodo di insegnamento o forse solo a causa della sua malattia e già questo sarebbe motivo grave per impedirle di insegnare, mi dispiace dirlo ma è così. Ho visto conseguenze tremende e persino un assassinio compiuto da una persona affetta dalla sua patologia e non curata a dovere. Mi creda son veramente dispiaciuta per lei e il suo stato e le auguro che vada meglio, comunque devo dirlo: lei non è assolutamente in grado di calarsi al meglio in un simile ruolo e la sua vicinanza ai bambini è dannosa.

Non bastano le competenze acquisite con un diploma per insegnare, bisogna scavare a fondo dentro di lei e scovare ben altri talenti che non per forza si rilasciano con una votazione anche summa cum laude.

Si guardi bene dentro di sé maestra Franca e li cerchi, non sarò io a suggerirglieli, cerchi bene e se trova ciò che serve per essere definita un'ottima maestra bene, altrimenti, mi dia retta si cerchi un altro tipo di impiego. Dia il suo contributo alla società dove non potrà nuocere a nessuno, soprattutto non a dei bambini innocenti che devono imparare tutto, ma assolutamente non la rassegnazione a subire gli abusi come fossero la normalità. E si curi a dovere, per lei e per chi le sta attorno.

Maria

***

Cara maestra Cristiana, noi ci conosciamo da tanti anni: sono Erica la mamma di Marco. Lei è una delle più brave maestre di tutto l'istituto, si dice, e presumibilmente è vero. Tutte le mamme che parlano di lei dicono: "I bambini che fanno il percorso delle elementari con maestra Cristiana affrontano le medie molto più preparati degli altri. È la migliore."

Non posso negarlo, anche se per me la più brava è un'altra perché oltre ad avere tutte le sue competenze ne ha alcune nelle quali lei è un po' carente. Il lato umano, il coinvolgimento e l'empatia!

È vero, lei è una maestra preparata, esperta, con un metodo ottimale e moderno d'insegnamento, niente da eccepire sul lato professionale – non so perché sembra che in questo non sia contemplata la parte umano - Marco era più che preparato quando ha fatto il suo ingresso in prima media, tuttavia, lei si è mai accorta di come e quanto lui sia cambiato caratterialmente nei cinque anni con lei? Pensa sia stato un caso? Se lo ricorda in prima e in seconda alle recite, durante le discussioni di gruppo, nelle gite? Lui era un bambino forte, sicuro di sé, solare, aperto con un carattere impavido, libero, esuberante, spontaneo con tutti, spigliato, per niente timido, educatissimo, sensibile, intelligente. Era il capo indiscusso nel gruppo quando giocava, tutti lo seguivano, aveva un grande carisma e una grande autostima e non aveva paura di niente. Lei ha notato tutto ciò e ne era rimasta ammirata per la maturità che il piccolo dimostrava alla sua età.

Lei però, in realtà, in aula voleva solo delle macchinine telecomandate - da lei - che facessero esclusivamente ciò che lei chiedeva, non si esprimessero liberamente né condividessero le loro opinioni o le loro esperienze se non erano quelle che lei si aspettava e nel momento in cui lei decideva di sentirle. Certo le regole sono importanti ovunque, ma anche un po' di elasticità con i bambini non sarebbe male e anche evitare di essere troppo rigidi e vietare tutto in modo patologico.

Marco arrivava dalla scuola materna dove la maestra li incitava a parlare di tutto e a essere sé stessi senza paura, non lo ha mai bloccato perché, diceva, era essenziale che i piccoli riuscissero a esprimere le loro idee e confrontarsi con lei su ogni argomento e anche se pensavano in maniera differente. E Marco lo faceva sempre e con educazione, aveva una mente libera e aperta e si confrontava su tutto. Invece in prima ha dovuto affrontare una diversa realtà, oltre l'inizio di un viaggio più impegnativo, nel quale doveva tenere a freno le domande e le opinioni, parlare solo dietro richiesta, accettare di essere zittito e a essere ripreso anzi se non stava alle strette esagerate regole imposte da lei.

Intuisco che l'inizio di un ciclo scolastico sia piuttosto complesso per entrambe le parti e bisogna prendersi le misure e conoscersi. Ogni bambino è diverso dall'altro sotto molti punti di vista e questo mette l'insegnante di fronte a situazioni differenti e talvolta impreviste costringendola a continue variazioni di rotta in corso d'opera e maggiormente per trovare delle soluzioni idonee e originali per approcciarsi bene con tutti. Immagino si debba, o si dovrebbe, essere permeabili, percettivi a trovare soluzioni ogni volta adatte e persino originali, avere una grande disponibilità a conoscere gli stati d'animo dei bambini, i loro pensieri, i sentimenti, le loro volontà, la loro ricchezza interiore per poterla sfruttare al meglio e capire fino in fondo il nascosto significato. Capire anche l'impatto che la scuola elementare ha generalmente nella vita di ognuno di quei bambini che stanno intraprendendo l'inizio di una strada importante. L'inizio del processo di scolarizzazione è troppo importante sotto molti punti di vista perché si possa sottovalutare oppure standardizzare. In tutto ciò non dimentico anche l'altro lato della medaglia, il tener presente, al contrario, anche il ruolo e le azioni delicate e specifiche dell'insegnante che dovrebbero essere volte verso i bisogni, non solo per l'istruzione, dei bimbi. Lei, maestra Cristiana, ho notato, ha sempre tenuto a sottolineare la sua grandezza e la sua bravura come professionista e non ha pensato che queste fossero legate a quelle del bambino. Che erano, anche i talenti e le aspirazioni dei bambini che doveva evidenziare non solo i suoi e non solo a livello di preparazione scolastica, bensì, anche a livello emozionale, sviluppando in loro oltre la felicità nell'apprendere cose nuove pure la libertà di esprimersi liberamente e perché no, anche il divertimento, per arrivare con più leggerezza e voglia a recepire quando li circonda e la libertà di essere liberi.

Nessuno deve dimenticare le priorità dei piccoli, delle loro menti, della loro dignità, non noi genitori e neanche l'insegnante stessa mettendo in primo piano solo sé stessa o il suo insegnamento, che non dev'essere solo volto a riempire le menti di "sapere", e servito con leggerezza e coinvolgimento. In evidenza e in primo piano invece, sono convinta, ci debba essere sempre e soprattutto il bambino, i bambini, in tutte le loro sfaccettature, i loro bisogni e la loro voglia di avere e fare, la maestra è un tramite, una via verso il futuro che devono percorrere, qualcuno da vedere come un'amica che li aiuta e sulla quale sanno di poter contare non che li opprime e li sgrida se non ricordano bene una tabellina. I bambini non devono avere timore di dire: "maestra non ho capito, può ripetere?" Perché poter affermare di non aver capito è spianare la strada al capire e non è una colpa come spesso viene accolta. Perché non capire che i bambini non sono fatti a fotocopia e devono essere rispettati singolarmente per quello che sono e possono dare, che devono imparare a tutto tondo, e... sì, anche e prima di tutto il rispetto per sé stessi e l'autostima che nessuno deve arrogarsi il diritto di frenare o far vacillare, mai. Tra tutto ciò che Marco ha avuto da lei non c'era la libertà di avere fiducia in sé, la libertà di essere libero di pensare e parlare, di continuare a essere autonomo e spontaneo com'era. Non aveva quella di poter fare alcunché se non autorizzato da lei, che gli tarpava le ali in ogni modo. Certo, convengo che, perché tutto funzioni bene in aula, ci debbano essere delle regole altrimenti voi maestre a fine lezione siete fuori di testa, la disciplina è importante e i bambini devo attenercisi, ma un regime troppo autoritario, rigido e troppo restrittivo e volto solo alla nozionistica senza lasciar spazio alcuno ad altro, al divertimento, all'affetto e allo scambio, per esempio, com'era il suo, forse è da rivedere almeno un pochino.

L'insegnamento non può limitarsi solo alle lezioni delle classiche materie dimenticando il lato caratteriale, le aspirazioni, la complicità e le peculiarità del bambino, anzi, talvolta sopprimendoli, senza nessuna delicatezza.

Piano piano lei ha iniziato a tarpare le ali a Marco invece di fargliele spiegare di più e farlo volare più in alto e non si è mai accorta che la sua forte autostima tendeva a scemare nel tempo, che lui anno dopo anno non era più sicuro di niente, non si stimava più, non come lo era in prima, e aveva iniziato a chiudersi in sé stesso. Sa quante volte ho sentito:

"No, la maestra Cristiana non vuole; questo la maestra non lo permette; non me lo fa fare; se faccio così la maestra si arrabbia; non posso parlare; non posso ridere; non so se posso farlo; ce l'ha sempre con me; la maestra dice che sbaglio sempre tutto ..."

E così via. La sua vita in classe e fuori era condizionata da quello voleva o non voleva la maestra.

Con il risultato che, infine, Marco si è sentito lui stesso sbagliato, insicuro, soffocato e tutto da rifare. Si chieda se è giusto! Da capo indiscusso in classe all'inizio in quarta- quinta era diventato silenzioso e solitario.

Ancora mi si stringe il cuore se penso al giorno in cui sono andata a scuola presto e tutta la sua classe era fuori in giardino a giocare al sole di primavera.

Si erano formati dei gruppetti per giocare, alcuni erano soli e anche Marco passeggiava da solo lungo il perimetro passando una mano sulla rete assorto e con sguardo triste. Non ho potuto neanche chiamarlo a me per parlare un po' e distrarlo perché le mamme non dovevano interferire durante le lezioni e lei Cristiana lo avrebbe sgridato. Io non sono una persona che si lascia andare a sentimenti negativi come l'odio, penso di non averne mai sentito per nessuno ma le posso dire che quel giorno l'ho odiata con tutta me stessa?

A lei bastava che Marco fosse preparato nelle lezioni, che facesse bene i compiti, che rispondesse bene alle interrogazioni e fosse attivo e coinvolto nei lavori in aula e lui lo faceva bene, ma non lasciava spazio per nient'altro. Sicuramente non per notare che Marco era più avanti degli altri bambini e aveva bisogno anche di altro, di esprimersi in modo diverso e a modo suo, per esempio, non sentirsi dire continuamente:

"Marco smettila, stai zitto, dai fastidio".

"Dai fastidio?" Ma come si è permessa?

Si ricorda quella volta che lui nell'ora di geografia dopo una sua lezione sui fossili le ha portato in classe un vero fossile e orgoglioso voleva dirle tutto ciò che aveva imparato e che non c'era nel suo libro di testo? Lei senza neanche guardare il reperto l'ha liquidato con un superficiale: "mettilo via, ci stai facendo perdere tempo, oggi parliamo di altro."?

Ha pensato almeno per un attimo all'umiliazione e alla delusione che può aver provato un bambino di otto anni sentendosi trattato a quel modo? Era eccitatissimo e non vedeva l'ora di andare a scuola il giorno, era così orgoglioso di arrivare e poter condividere con lei e con i suoi compagni quel suo tesoro e invece all'uscita era il ritratto dell'infelicità. E questo è solo uno tra tanti esempi che potrei riportare, troppi. Lei non ha figli, però tale condizione non dovrebbe essere una scusante. Non ha fatto però, studi idonei per comprendere anche la psiche dei bambini e le ferite che possono infliggere i suoi atti e le sue parole?

Se questo è essere una brava insegnante secondo lei, forse sono io allora che non capisco niente. Quanto del suo prezioso tempo le avrebbe levato accontentarlo, farlo parlare e gratificarlo almeno per l'impegno dimostrato, anche se non richiesto, o a maggior ragione per quello? Cinque minuti? Per lei sarebbero stati niente mentre per lui importantissimi e sarebbe stata un'iniezione di gratificazione e stimolo a fare meglio. Marco ci teneva tanto alla sua approvazione, a fare bella figura anche con lei e invece, lo ha zittito e umiliato davanti a tutti. Lei lo riprendeva continuamente e gli tarpava le ali, invece di farlo volare, lo umiliava invece di farlo parlare, lo bloccava invece di dargli spazio. Inoltre, finché io non mi sono lamentata a muso duro, lei così brava e poco attenta ai suoi alunni, non si è neanche accorta, perché troppo impegnata a chiacchierare con le colleghe in giardino, di quando due bulli di un'altra sezione lo hanno stretto in un angolo e lo hanno minacciato con frasi piuttosto gravi e in modo brutale e non è stato un caso isolato. Marco aveva raccontato tutto a me e a lei, ma lei non l'ha ascoltato imponendogli come al solito di smetterla. Che brutto periodo è stato quello per il mio bambino e lei si è decisa a fare qualcosa -molto scocciata peraltro- e interrogare anche gli altri bambini, solo dopo che io ho insistito e ho detto che ero andata dai carabinieri a fare un esposto. Proteggere i suoi alunni, accorgersi di qualsiasi variazione comportamentale, combattere il bullismo non fa parte dei suoi doveri, avrei dovuto obbligarla io a fare qualcosa?

Che cosa devo dirle? Grazie maestra? Forse per la preparazione scolastica, ma vogliamo ammettere che insegnare ha una connotazione molto più ampia e che il suo lato umano ed empatico, la sua onestà intellettuale e il suo interagire profondamente con i bambini lascia un po' a desiderare? Io dovevo gratificarlo continuamente, fargli capire che lui era, ed è, un bambino in gamba nonostante ciò che lei gli diceva, che non c'era niente di sbagliato in lui e che doveva credere in sé stesso e ho cercato in ogni modo di accrescere la sua autostima. Marco per fortuna, e non grazie a lei, è diventato uno splendido ragazzo, anche se ancora deve completamente riacquistare la fiducia in sé stesso e nelle sue capacità. Si applica, ha voti ottimi, un buon rapporto con compagni e docenti, nonostante non manchi mai quello che si distingue per la sua superficialità. Io sono orgogliosa di quello che è diventato, e non lo dico perché sono sua madre, tanti ragazzi dovrebbero prenderlo da esempio e, molti genitori dovrebbero desiderare un figlio simile, e se fossi in lei farei un'autocritica profonda concentrata sui rapporti umani che ha con i suoi alunni e come si interfaccia con essi, soprattutto si chieda se può fare dell'altro oltre fornire una buona preparazione scolastica per l'accesso alle medie ai suoi bambini. L'insegnamento è ben altro e se lei non lo ha capito ha molto da imparare.

Carmen

Buongiorno professore, sono Umberto e non so se lei ricorda il mio viso, non importa, non serve che lei si ricordi di me per ciò che voglio dirle, perché so che ogni nostro viso per lei è sovrapponibile all'altro, siamo tutti uguali, non sa i nostri nomi e non riconosce nessuno. Per lei noi non siamo persone, siamo solo dei numeri e questa sua convinzione non potrebbe essere più sbagliata, lo capirebbe se si fermasse un attimo a guardarci negli occhi e leggervi dentro. Forse, vedrebbe in ognuno di noi gli occhi del ragazzo che è stato un tempo. Occhi desiderosi di attenzioni, di comprensione, di umanità, complicità e voglia d'imparare. Il suo quotidiano o lo schermo del suo smartphone sono più interessanti dei nostri volti e dei nostri nomi.

Lei è il mio insegnante di fisica, materia nella quale ho visto avvicendarsi diversi docenti in tre anni e stranamente nessuno è stato all'altezza di farci appassionare veramente alle lezioni o suscitare attenzione e piacere, non solo a me, ma a tutta la classe di ventidue studenti, neanche al classico secchione che è sempre immancabilmente presente in ogni sezione. Forse una delle cause è anche la discontinuità dei professori, della loro scarsa applicazione per la convinzione di stare con noi in modo temporaneo che non gli ha mai dato la spinta per farli impegnare a fondo come avrebbero voluto e dovuto. Come a dire: "oggi qua domani là, chi se ne importa". Lei è quello più longevo nella nostra classe, tuttavia, tale condizione non è un fatto molto positivo, almeno per noi.

La fisica può essere una materia ostica, tuttavia, per me non è così perché alle lezioni che ho fatto per sopperire alle sue mancate non ho avuto nessuna difficoltà ad apprendere e ho scoperto alfine che invece mi piace molto. Quanti schermi di smartphone consuma al mese a forza di carezzarli prof? Non sono fatti miei, non per i soldi che spende né del tempo che usa o del suo cervello che va in pappa, ma lo diventano quando lei usa il suo tempo e il suo cellulare durante l'ora di lezione e sedendosi in cattedra ci dice con una grande faccia tosta, per non essere volgare come è lei: "io non ho tempo per la lezione, studiatevi i capitoli da X a XX, e fate ciò che volete, tanto non ci capirete un c**** di niente perché siete delle mezze s**** e vi metterò comunque, quattro".

Incommentabile. Io, infatti, nonostante abbia fatto ripetizioni e durante l'interrogazione e alle verifiche abbia risposto bene a tutto ho quattro, infatti, e come me tutta la classe. Abbiamo portato il nostro problema all'attenzione del dirigente scolastico, ma poco è cambiato.

Perché docenti come lei hanno il diritto di sedere in cattedra, pensare di aver raggiunto il loro obiettivo, fare i loro comodi, e si permettono di non dare neanche il minimo ai ragazzi cui sono responsabili? Percepisce o no uno stipendio a fine mese, forse non alto come vorrebbe, e questo magari è causa di demotivazione per lei, ma è una professione che ha scelto lei liberamente e ha fatto un lungo percorso di studi per conseguirla. Può essere stata una seconda scelta e non il suo sogno, tuttavia, anche se il palloncino si è sgonfiato negli anni, è la sua professione che occupa gran parte del suo tempo come può non cercare di esercitarla col massimo dell'impegno e correttezza? Perché ha sprecato tanti anni a studiare altrimenti?

Perché colpevolizzare e penalizzare noi ragazzi per le sue delusioni prof se di questo si tratta? Dov'è il fulgido esempio che lei in qualità di docente dovrebbe manifestare davanti a noi? Vogliamo poi parlare del suo turpiloquio, delle sue esternazioni scurrili e degli epiteti irrispettosi e offensivi, oltre la denigrazione e le umiliazioni, di cui lei ci fa continuamente oggetto? Come si permette prof, di insultarci gratuitamente come facesse parte del suo metodo d'insegnamento scolastico, con lei a suo tempo hanno agito così? Se hanno sbagliato perché lo fa anche lei? Non sarebbe un motivo in più per capire e comportarsi in maniera diversa? Io, da piccolo ho imparato a rispettare gli altri, ma il rispetto è una virtù che va in un solo senso, dai ragazzi verso gli adulti e non viceversa? E l'esempio degli adulti, allora cosa sarebbe? Posso, chiederle perché invece di fare una professione che non la gratifica, o forse che non riesce a svolgere bene per cose sue intrinseche - ognuno ha le proprie fragilità e debolezze, lo capisco -, non si dà da fare per trovare qualcosa di più consono alle sue qualità che le dia più soddisfazione e la gratifichi? Se ha altre qualità naturalmente. Faccia un favore a lei e a noi, si dimetta e lasci il posto a qualcuno che forse ha più voglia, più desiderio di far meglio e più talento per questa materia di quanto non ne abbia lei. Inoltre, al posto suo prenderei in considerazione le voci e le opinioni degli studenti, qualche volta, si può migliorare in molti modi, anche da adulti, volendo. Intanto una delegazione della classe, me compreso, è andata dal direttore scolastico per esporre le difficoltà che riscontriamo con lei prof. So che, infine, è stato eseguito un controllo sulle nostre verifiche scoprendo che era impossibile svolgere dodici-tredici esercizi di quel tipo in un'ora sola, come lei ci ha imposto ogni volta. Non solo, hanno anche evidenziato che le correzioni erano diverse sugli stessi errori e scoperto che lei correggeva a casaccio anche dove sbagli non ce n'erano. Era facile per lei, affetto dalla sindrome della 'matita rossa' a questo punto darci tre, quattro. E non è un caso se ora nelle verifiche lei è sceso a cinque esercizi, prof, perché è stato richiamato e sa di essere 'osservato speciale', anche se niente le impedirà di rifilarci ancora un brutto voto, se volesse.

Lei prof non è in grado di svolgere al meglio il suo compito a scuola e ancor meno quello di educare e questo è un abuso lo sa? Ed è anche un ladro perché a fine mese percepisce come dovuto uno stipendio che non si è guadagnato affatto. Si comporterebbe allo stesso modo se ogni fine anno fosse sottoposto a un esame approfondito per verificarne l'idoneità, come si fa in molti paesi del mondo e, in base alla risposta, avere la riconferma per l'anno seguente o anche no e restarsene a casa a guardar le stelle, parafrasando Dante?

Non solo un esame sulle sue competenze scolastiche, bensì anche sul lato umano, educativo, psicologico, pedagogico, caratteriale, civile e altro.

Sì, il controllo e la conferma dovrebbero essere un obbligo annuale per ogni insegnante, anche sulla base di questionari fatti stilare agli studenti che sono i destinatari dell'operato dei professori, a tutto tondo. Chi meglio del fruitore può essere un buon giudice?

Penso che allora anche lei si darebbe una mossa, caro prof, se aleggiasse su di lei lo spettro di essere valutato con esami e vedesse la possibilità di essere privato di quello stipendio che non la motiva a essere un buon insegnante, non crede?

A quel punto forse capirebbe l'importanza di un voto meritato o immeritato.

Il voto per noi è importante perché con quello siamo valutati altrimenti non potremmo andare avanti, ma nel suo caso è soprattutto l'ingiustizia verso di noi che è penalizzante, perché lei quasi non ci considera persone, ma solo numeri da punire a casaccio con altri numeri del tutto inadeguati, per motivi sconosciuti. Conosco la caduta e il fallimento e intuisco che possono essere più importanti di una vittoria talvolta, soprattutto quando ci spingono a rialzarci e migliorarci; lei lo fa per questo prof, ci tratta in modo ingiusto per spingerci a migliorarci, per rafforzare il nostro carattere contro le ingiustizie?
Le ricordo che ingiustizia e fallimento sono due cose molto diverse, non crede? Sbaglio io? Ci rivedremo a settembre ne sono certo.

Umberto

***

Caro prof Colombo, sono Adua, come vede non ho paura di usare i veri nomi, anche perché ormai non può più vessarmi, minacciarmi di brutti voti o di bocciatura e anche perché sono come sempre una ragazza coraggiosa, orgogliosa che non china la testa davanti alle ingiustizie, neanche davanti alle sue e lei lo sa bene, non è così?

Lei è una nullità professore, un fallito, un vigliacco, un ipocrita, una persona priva di qualità che si nutre di piccolezze per sentirsi superiore agli altri, perlomeno ai suoi studenti, tuttavia, resta comunque solo un verme strisciante. Tante volte avrei voluto chiederle: "prof la pagano in base a quante volte alza la voce con noi? Tot a urlo? Ricorda il detto 'Giove urla, dunque ha torto'?"

Lo sa che non può farlo, che è vietato a partire dalle maestre fino al più alto docente, alzare la voce con i propri studenti? È un reato, un abuso perseguibile, anche se, se si punissero tutti i prof che alzano la voce si resterebbe quasi senza insegnanti in Italia. Capisco che qualche volta può succedere, nessuno è un santo, ma la norma, come lo è per lei, non è consentita. Tuttavia, questo lato del suo carattere non è il peggiore che lei svela davanti a noi, anzi confrontato ad altro è risibile.

Io non le sono mai andata a genio lo so, ho buoni voti perché studio sodo e non può esporsi negandomeli e capisce che se lo facesse andrei difilato dal preside chiedendo una verifica dei miei compiti. Ma tutto ciò sono sciocchezze, vero? Perché non le piaccio? Perché sono carina e intelligente e non poco, lei lo sa ed io lo so, eppure a me non importa della mia esteriorità e tengo molto di più a come sono dentro di me, alla mia personalità, alle mie qualità mentali ai miei valori e di quello sì… sono fiera e ne vado orgogliosa. Lei dal primo giorno mi sbava dietro, proprio così, e pensare che ha figlie della mia età - 15 anni - e dire che lei è disgustoso è riduttivo oltre che gratificante per lei naturalmente. Io vedo i suoi viscidi pensieri scorrere dietro le palpebre ogni volta che i suoi occhi porcini incrociano i miei, anzi si posano più spesso sul mio corpo, che non esibisco assolutamente, e che lei cerca di spogliare e immaginare, tuttavia, non voglio perdere tempo in simili constatazioni non è per questo che le scrivo.

Oggigiorno si parla tanto di disabilità, ebbene prof, lei ha una grossa barriera di disabilità, purtroppo per lei, anche se non si nota nel fisico perché è insita nel suo cervello. E supera tutte quelle di alcuni miei amici che sono chiamati in quel modo e che invece sono molto più abili, più in gamba e più aperti di quanto lei potrà mai essere in mille anni.

Passo a episodi più reali e che la definiscono prof.

Ricorda quella volta che mentre passavo in corridoio la sua mano "inavvertitamente" si è posata sul mio posteriore soffermandovisi? Era una domanda neanche troppo velata per sondare se io ci stavo? Non ho dubbi che la mia "inavvertita" gomitata sul suo fianco, che le ha fatto mancare il fiato, quando mi sono girata di scatto verso di lei sia stata una risposta più che sufficiente non crede? Ciononostante, io l'ho fatta seguire da qualcosa di più esplicito, nel caso lei, con la sua piccola mente, non avesse afferrato bene il concetto e anche per bloccare sul nascere la deriva dei suoi approcci:

"Oh, prof, è lei, che sbadato eh? L'avviso che, se le dovesse ancora capitare "inavvertitamente" di toccarmi, si troverebbe, sempre inavvertitamente, senza qualcosa cui tiene molto… cominciamo con la mano e poi chissà…? Io ho molta fantasia, mi metta alla prova."

Lei non ricorda la sua faccia perché non aveva uno specchio in zona, però io l'ho vista. Sorpresa, delusione, incredulità, rabbia. Era forse convinto che fosse il mio più grande desiderio ricevere le sue luride e schifose attenzioni? Ha scoperto la grande novità: non è così per quanto mi riguarda, anzi lei mi fa proprio schifo, mi ripugna infinitamente.

Devo ricordarle io che anche noi donne siamo dotate di libero arbitrio e io non ci tengo che lei né chiunque altro mi tocchi senza il mio consenso e che, inoltre, sono poco più di una bambina? È abuso lo sa, conosce questa parola? Lo è in generale, e soprattutto alla mia età, senza consenso. Forse sa anche che potrei denunciarla e che non esiterei a farlo se mi girasse? Certo, che lo sa prof, se non prima almeno da dopo l'episodio perché io ho continuato dicendole:

"Sappia prof che, se succederà ancora, anche se mi verrà addosso veramente per pura casualità, perché inciampa o perché distratto,

oppure perché qualcuno la spinge senza volerlo contro di me, ci saranno conseguenze: subito una segnalazione scritta e firmata da me, prima sul tavolo della nostra dirigente scolastica e a seguire dalla polizia. Stia attento allora a dove mette i piedi d'ora in avanti, non vorrei essere nei suoi panni se… inciampasse. Anche se non avessi prove concrete, pensa che la sua reputazione resterebbe immacolata, dopo la mia denuncia? Che potrebbe andarsene ancora in giro per l'istituto e alle sue feste di gala, con tanto di foto sul giornale, con l'aria di chi si crede Dio in terra?"
Tutto con il sorriso sulle labbra, quasi gli stessi facendo dei complimenti, ricorda prof?
La sua reazione la ricorda?
"Come ti permetti piccola stronza, come se non avessi chi sbava per me… inoltre… se volessi… potrei aiutarti in molti modi…"
"Ecco, vedo che ha capito, stronzetto ha detto 'se' e io non voglio, allora si limiti a quelle che le danno il consenso. Come le dicevo c'è libero arbitrio, c'è chi vuole e chi no, ed io… non voglio assolutamente. Lo tenga a mente e… la ringrazio, ma non ho bisogno del suo aiuto, ho la determinazione, l'intelligenza e il talento necessario per farcela da sola e ora, se vuole,

vada pure dalla preside per denunciare la mia insolenza, se preferisce, vediamo chi ne uscirà più malmesso, dopo. Si tolga dalla mia strada intanto."

Sono andata via sorridendo a testa alta e, nonostante tutto, con le gambe che mi tremavano e con la sicurezza che mi avrebbe bocciato, prof, eppure orgogliosa di come mi ero comportata. Era da secoli che volevo chiamarla 'stronzetto' perché era un epiteto che lei usava spesso con tutti noi, soprattutto con le ragazze. Che essere nauseante, pervertito e retrogrado è lei! Lo capisce almeno un po' o pensa di avere ragione e di poter ledere impunemente con la sua la libertà degli altri?

Non sono stata chiamata in presidenza, vigliacco com'è lei non ha avuto il fegato o più probabilmente ha intuito che era meglio non far rovistare nel torbido con il rischio di far trovare ben di peggio oltre la puzza. Infatti, ho scoperto che lei senza nessuna vergogna è sceso veramente oltre il fondo e si è comportato allo stesso modo e con più insistenza, con una ragazza di un'altra sezione che, infine, ha preferito cambiare istituto piuttosto che continuare ad affrontare le sue attenzioni non gradite né richieste e chissà quante altre sono state sue vittime con la scusa di dare il suo aiuto. Non credo sia giusto scappare in silenzio da certe situazioni come ha fatto l'altra ragazza, mi spiace per lei e capisco che ognuno di noi affronta le situazioni in modo differente, ma finché scappiamo o stiamo zitte è come accettare e legalizzare l'abuso. Col silenzio diamo messaggi sbagliati e il permesso a pervertiti come lei di continuare ad agire indisturbati e la spirale di abusi non finirà mai.

E lei dovrebbe essere il mio "insegnante", il mio 'vicepadre', una persona della quale fidarsi, il mio punto di riferimento che mi dovrebbe guidare oltre che insegnare? Si vergogni, si faccia curare, tagliare le mani, cavare gli occhi o evirare e fino ad allora lasci perdere le ragazzine e cerchi di fare bene il lavoro per cui è pagato.

Spesso dal giorno che mi ha palpata -mi fa ribrezzo solo dirlo- mi sono chiesta se ho fatto bene a non denunciare. Anch'io sono stata zitta, tuttavia, era la mia parola contro la sua, prove o testimoni non ne avevo, ma una denuncia avrebbe forse messo in moto una ricerca che la avrebbe fermata. Magari sarebbe venuto fuori che c'erano state altre lamentele o denunce verso di lei in precedenza o qualcun'altra ragazza si sarebbe fatta forza e avrebbe avuto il coraggio di farsi avanti e accusarla a sua volta. Non la ragazza dell'altra sezione con la quale ho parlato. Lei voleva solo dimenticare e non incrociare più la sua strada. Ecco perché penso che finirò veramente per denunciare i suoi abusi, non voglio scappare anch'io e aiutarla a farla franca col mio silenzio, facendole credere che le sue azioni siano legittime. A fine anno andrò con i miei alla centrale dei carabinieri che ho vicino a casa. Se non lo facessi sarei colpevole quanto lei e non lo sono. Deve pagare per i suoi atti e i suoi abusi su di noi.

Lei, da quel giorno e per sua fortuna, non si è più permesso nessun'azione più che lecita con me, anzi, potendo, ha evitato anche il mio sguardo, oltre che guardarsi bene di incrociare la mia strada e ha fatto bene, probabilmente ha creduto che le mie parole non fossero del tutto campate in aria e che se ci avesse riprovato sarei passata a ben altro che minacce vuote. Si ricordi, né io né nessuno deve sottostare ai desideri di nessun insegnante per avere una promozione, agevolazioni di nessun tipo o dei bei voti. Io so di meritarli e lei deve darmeli, punto e basta. Non perché sono carina, non perché ci sto, non perché sono ricca o simpatica o non so cosa, ma semplicemente perché mi applico e studio senza grilli per la testa e questa è una valenza che si applica anche se fossi stata brutta, povera, antipatica o quant'altro.

Termino qui, le consiglio, quando sente arrivare certi istinti animali, di pensare alle sue figlie e si chieda se sarebbe felice se un'altra persona pervertita quanto lei osasse abusarle in qualsiasi modo voglia. Non devo dirle altro, prof. Addio.

Adua.

Cara professoressa, sono la sua amata Silvia, dico amata in modo molto sarcastico, perché lei e l'affetto verso di noi studenti e me in particolare siete un filino incompatibili. Ho quattordici anni e ho appena conseguito la licenza media con nove, quasi col massimo dei voti, dunque. Quel passetto che è mancato per avere il massimo lo devo a lei, ma sa la novità? non m'interessa assolutamente perché in fondo è solo un voto e nel mio futuro ne avrò tanti positivi e altrettanti negativi, tutto serve per maturare e io ho fiducia in me e non voglio essere schematizzata con voti e paletti. L'importante è quanto io riuscirò a dare nella mia vita a me e agli altri e non mi formalizzo per un bel voto mancato, anzi non completo. Le cadute sono importanti perché sono un'opportunità e ciò che realmente conta ancora è rialzarsi, come ci si rialza e come si guarda con spirito nuovo oltre l'ostacolo superato e verso il proseguimento del nostro cammino senza scoraggiarsi, pronti a migliorarsi e... anche ad altre cadute, perché ce ne saranno è ovvio.

Lei non mi ha trattato bene nel corso di questi ultimi tre anni, ma fa parte del gioco immagino, del suo naturalmente.

Lei è stata maltrattata prof quando era studente? Se sì, pensa sia giusto farlo ora verso chi sta dall'altra parte? Non ha mai pensato: "quando insegnerò mi ricorderò di tutte queste ingiustizie e mi comporterò in modo diverso"? E se non le ha subite le sembra giusto infliggerle ora a noi?

Si ricorda in prima, lei non lo aveva neanche notato, ma ero affetta da una tricotillomania allo stadio iniziale. La novità e il timore di affrontare un nuovo percorso, una scuola da grandi che vedevo difficile mi portava a una condizione di stress emotivo con conseguente disturbo ossessivo compulsivo che mi obbligava a strapparmi le ciglia e in più faceva da contralto anche la mia esagerata timidezza, che ho imparato a gestire pian piano. Lei, pur sapendo del mio stato, invece di capirmi un po' di più l'ha anche usato contro di me come un'arma, alla fine. I miei voti erano buoni e m'impegnavo, però lei, all'inizio mi aveva presa di mira solo perché ero "sorella di" e lei in precedenza era entrata in contrasto con lui che le aveva tenuto testa, giustamente, in alcune discussioni e diverse volte l'ha avuta vinta. Si aspettava presumibilmente che io e lui oltre che fratelli fossimo uguali in tutto, già in questo presupposto c'era un errore di fondo, spero lei lo abbia capito, perché, anche se parenti ognuno di noi ha il suo carattere, la propria personalità e un differente modo di fare. Lei è piena di preconcetti e pregiudizi, troppo chiusa la sua mente per trattarmi in modo obiettivo come meritavo e non come sorella di qualcun altro catalogandomi subito senza neanche conoscermi e perseguitandomi. La cosa strana è che comunque io avevo bei voti anche nelle sue materie, forse non poteva evitarlo, ma sempre un po' più bassi di quello che meritavo, 'perché sei timida', blaterava lei continuamente come un'eco e se non ero capace di superarla la mia timidezza era qualcosa da punire, secondo lei. Può darsi che avesse ragione, solo che lei, esibizionista e narcisista, non si è mai messa nei miei panni per cercare di comprendermi.

Quante volte ho sentito dire: "l'interrogazione è da otto - o nove - ma ti do solo sette perché è ora che impari a vincere questa tua assurda timidezza".

Assurda? Perché lo aveva deciso lei senza neanche provare a capire come mi sentissi o venirmi incontro?

Forse aveva ragione, è importante saper parlare senza timori, anche essere spigliate e sfacciate talvolta, ma lei pensa che mi fosse di aiuto a superare la mia 'assurda timidezza' se lei lo faceva notare ogni volta a tutti oltre che me, mettendomi in difficoltà evidente? Potevo costringermi di punto in bianco a qualcosa che non riuscivo a fare, anche se ci lavoravo con costanza? Non avrebbe dovuto approcciare il mio problema in altro modo, magari con un po' di tatto e pazienza, invece di umiliarmi e mortificarmi in ogni modo possibile ogni volta che aprivo bocca?

Il mio problema con lei, infatti, non sono stati i suoi voti quanto il modo cattivo e umiliante con cui lei si rivolgeva a me davanti a tutti, quasi volesse farmi male, mortificarmi di proposito, come pensasse di aiutarmi spronandomi e provocandomi o forse voleva fare solo quello, in realtà: umiliarmi.

Al primo colloquio con lei, mia mamma le aveva parlato del mio problema emotivo e del mio disturbo, chiedendo di avere un po' di comprensione e pazienza verso di me, soprattutto nelle interrogazioni, nelle quali talvolta non davo il massimo perché mi facevo prendere dall'ansia. Anche se preparata e conoscevo l'argomento alla perfezione davanti a lei per la voglia di fare bene mi bloccavo talvolta e mi scordavo tutto. Si ricorda quanto è stata comprensiva durante quel colloquio assicurando mia mamma che capiva benissimo il problema e che avrebbe cercato di mettermi a mio agio dandomi anche tutto il tempo che mi serviva senza farmi troppe pressioni? Il resto dell'anno della prima media è andato benino e anche la seconda procedeva piuttosto bene. Io dalle ciglia ero però passata a strapparmi anche le sopracciglia, ed ero pronta a partire all'attacco dei miei folti capelli, nonostante pian piano iniziassi a essere meno timida. Il mio bel visino somigliava più a quello di un personaggio del Signore degli Anelli che a quello che era il mio solito. Inoltre, alla mia ansia si era anche aggiunto il disagio per come mi osservavano i miei compagni, nonostante nessuno sia mai stato indelicato nei miei confronti chiedendomi che cosa avessi. Lo sapevo io, però, ed era sufficiente per non farmi stare bene completamente ed ero a disagio con tutti. Era il classico gatto che si morde la coda.

Comunque, a metà anno, per l'aiuto costante dei familiari e con tanta buona volontà da parte mia, stranamente, ho imparato a scaricare la tensione in altro modo e piano piano ho iniziato a smettere di strapparmi i peli, dando modo alle mie ciglia di ricrescere un po', anche se ciò non significava che il problema fosse scomparso del tutto ed ero comunque ancora molto ansiosa e timida. A quel punto forse, notando la differenza nel mio viso, lei prof ha fatto marcia indietro: niente più pazienza né comprensione con me, quella già poca che mia aveva concesso. Ha iniziato, anzi, a vedermi come un bersaglio dei "suoi" malesseri, perché lo ammetta, lo sa bene anche lei di non essere del tutto normale, minimo si può dire che sia molto, molto strana.

Secondo lei è normale che una professoressa nella 'chat di classe' posti continuamente sue foto al limite dell'osé, vestita solo di microbikini in atteggiamenti e pose provocanti, ridendo come una ragazzina dei commenti dei suoi ragazzi di 14-15 anni, in piena tempesta ormonale? Ognuno è libero e ha il diritto di fare ciò che vuole di sé stessa e della sua vita senza essere giudicata, sono io la prima ad asserirlo, ma in questo mi permetto di difendere i ragazzi, e dico che i suoi post non erano da chat di classe e lei si è dimenticata spesso di essere la nostra insegnante e non comportandosi di conseguenza, secondo me. Questi commenti comunque esulano da noi due, lo so, era solo per far capire il tipo e la sua maturità, lei che si permette di giudicare me. Certo, era ovvio che lei aggrediva la vita senza incertezze, però non può pretendere che tutti lo facciano al par suo e con i suoi tempi e chi non lo fa o ha un carattere diverso dal suo ha tutto il diritto al rispetto non di essere mortificata come faceva lei con me.

Anche in terza nelle sue materie avevo setto, otto, eppure, se durante l'interrogazione avevo un solo istante di esitazione lei che cosa faceva?

"Eh… ecco, siamo alle solite, si vede che non hai studiato, ma tanto lo sappiamo tutti non è vero ragazzi? Silvia è quella che si adagia, che non studia mai, che ci marcia con la scusa della timidezza e si nasconde dietro il suo problema sperando di avere buoni voti senza faticare…, puoi andare al posto e impegnati di più la prossima volta."

Oppure: "Ora basta, è ora di finirla di nasconderti dietro quest'assurda timidezza, smettila e pensa a studiare piuttosto, invece di andartene in giro con le amiche. Lo sappiamo tutti, com'è Silvia, no, ragazzi?" Tirava sempre in ballo i compagni quasi a confermare le sue parole e farseli complici.

E queste erano solo le frasi più carine che mi facevano arrossire fino alla punta del mio metro di capelli.

All'anima della sua presunta comprensione e più attenzione nei miei riguardi, inoltre a mia mamma a un altro colloquio disse chiaro che ora stavo meglio, non mi dovevo adagiare sulla mia insicurezza, che mi aveva dato anche "troppo tempo" per superare i miei problemi ed era ora mi dessi una smossa, che dovevo superare la mia emotività e che non ero più scusabile. Non ero più scusabile e si proclamava molto comprensiva! Quasi davvero non avessi mai studiato e mi avesse dato voti che non meritavo solo per aiutarmi e non mi risulta. Io so di aver meritato ogni bel voto e anche di più che mi ha negato. Ero d'accordo con lei che dovessi aprirmi di più e diventare più spigliata ed io, da sola, ho fatto con me stessa un continuo training autogeno. Ho migliorato di molto la mia situazione, l'emotività, la timidezza, l'ansia, ciononostante vorrei chiederle se c'è un tempo prefissato e uguale per tutti in simili situazioni; se c'è una scadenza entro la quale la timidezza deve obbligatoriamente scomparire a uno schioccare di dita e perciò lei si debba sentire autorizzata a trattarmi male davanti a tutti. Io ho sempre studiato, inoltre non ho mai chiesto favoritismi a nessuno né l'ha fatto mia mamma. Ciò che desideravo era solo un po' di pazienza per superare l'impatto di starle davanti e davanti a tutti, riordinare le idee e parlare. Solo un momento per superare qualcosa che mi bloccava e poi iniziavo senza timore e lei lo sa. Poi, come si permette di giudicare il mio privato senza sapere né conoscermi e dare certe cose per scontate? Che cosa ne sa lei della mia vita al di fuori dalla scuola? Io con le compagne mi vedevo solamente per i lavori di gruppo e basta, ancor oggi non vado in giro con nessuno a perdere tempo e passo i pomeriggi a casa a studiare o collegata via computer con mia nonna a ripassare o in giardino con i miei. Si è sicuramente sbagliata con sé stessa prof e da ciò che posta è chiarissimo come passa i suoi pomeriggi e il suo tempo libero, ma, ripeto, ognuno la sua vita la vive come preferisce senza che per questo debba essere giudicata... anch'io.

Io sono convinta che alla fine della terza e per l'esame ero un'altra persona, se paragonata a com'ero quando ho iniziato la prima. Ero molto più aperta e riuscivo a parlare con molta più calma e padronanza ed esporre bene ogni materia con meno timidezza.

All'esame ho portato una tesina esaustiva e ricercata che non mi è stata fatta esporre del tutto perché è stato subito chiaro a tutti come io fossi preparata in ogni materia. Se lei fosse stata più obiettiva, lo avrebbe confermato naturalmente, sarebbe stata fiera dei miei risultati, ma non ha voluto perdere un'occasione in più per non gratificarmi.

Comunque, non m'importa e non devo ringraziare lei, bensì me stessa, per ciò che sono riuscita a guadagnare in autostima e anche per il lavoro meticoloso fatto su di me. Se avessi dato retta alle sue cattiverie, a ciò che mi diceva anche perfidamente davanti a tutti avrei avuto un'involuzione della mia autostima e della mia emotività invece così non è stato. Perché nonostante i suoi colpi bassi sono stata più forte di quanto lei pensasse, ho capito chi è lei e non le ho permesso di farmi male nel profondo, anche se ho sofferto non poco.

Però, stia attenta prof a come approccia i suoi ragazzi in aula, tricotillomania o meno, perché non tutti hanno la stessa mia sensibilità e la mia forza o la stessa sfacciataggine che ha lei e impari ad accettare e a coltivare ogni diversità e talento senza nessun tentativo di affossamento con frasi offensive, e piuttosto pesanti da parte sua. Noi studenti non siamo robot programmati, ma ragazzi con diversità uniche e come tali si deve avere l'accortezza di trattarli, soprattutto senza mortificarli o umiliarli come lei ha fatto spesso con me; lei sarebbe contenta se la paragonassi a tutti i suoi colleghi e colleghe denigrandola perché non è come loro, ma ha una sua personalità esuberante? Solo nella morte c'è Livella, come diceva Totò, in vita siamo differenti, abbiamo tante sfaccettature diverse che, ognuno di noi, lei compresa, deve accettare e rispettare. Si chiama "tolleranza". Inoltre, esiste anche il rispetto per gli altri, altra cosa in cui lei è carente, per non parlare della sua maturità opposti al suo enorme ego.

Sto al liceo ora, niente più viso da personaggio del Signore degli Anelli, continuo a lavorare su di me e sono più serena e tranquilla, ho bei voti e lei non la ricordo con particolare simpatia, anzi mi fa ridere e la ritengo infantile ed egocentrica al limite del narcisismo. Sa che il narcisismo è una malattia e si deve curare, lei può farcela da sola, ha la mia stessa forza di volontà per superarla, prof?

Un piccolo consiglio: talvolta provi a pensare a chi ha di fronte, non guardandosi allo specchio, e dia più di sé ai suoi studenti e non intendo le sue foto mezza nuda, naturalmente.

No, nessuna chimica tra noi prof.

Silvia

***

Professor Altieri, ed è già troppo che rivolgendomi a lei uso il suo titolo accademico perché vede... vorrei che lei mi spiegasse di che cosa è realmente professore. Non certo di umanità o di matematica, fisica e biologia che presume di insegnare, non certo di empatia o di compassione, non di capacità di comprensione o di tolleranza né... nonostante abbia due figli, di amore paterno, non nei riguardi dei suoi studenti perlomeno.

Professore di omofobia?

Forse questa è la materia più adatta a lei, bensì non per questo, o invece proprio in virtù di questo, penso non la si debba ritenere una persona in gamba. Certamente non ha una mente aperta e libera da pregiudizi.

Io non sono una sua studentessa, bensì la mamma di Daniela Contini e lei professore, con più lauree, di cui va tanto fiero, è il suo assassino.

Come si sente ora che lei, lavorando molto sottilmente al di fuori della sua materia, me l'ha uccisa: soddisfatto, contento, indifferente?

Qualsiasi sentimento negativo che esiste e attribuibile a una parte dell'umanità più bestiale lei lo nutre.

Mia figlia: la mia bellissima, sensibile, intelligentissima, affettuosa, altruista, piena di speranza per un futuro che doveva essere radioso, con tanta voglia di vivere, la mia omosessuale figlia, non c'è più! A causa sua. Lei e tutti gli intransigenti omofobi dovrebbero sparire dalla faccia terra non persone come la mia splendida Daniela che era di una bontà, generosità e di una dolcezza infinite. Ed io dovrò vivere il resto dei miei giorni senza di lei, senza il suo contagioso sorriso, senza i suoi occhi ridenti, senza i giorni sereni e felici che era capace di darmi e che ancora mi avrebbe regalato se lei fosse stato un normale essere umano e non un animale acefalo. Dovrei odiarla per tutto ciò che mi ha tolto, eppure sento tanta pena per lei e per tutti quelli che come lei hanno la mente e il cuore avvolto dal filo spinato che impedisce alla libertà, alla tolleranza e all'umanità di uscire e portarla alla comprensione. Non le auguro di provare il mio stesso dolore perché non sarebbe degno di me né di Daniela che nutriva amore per tutti, le auguro solo che quanto è accaduto a noi le faccia trovare in un angolino sperduto dentro di lei un briciolo di umiltà che le faccia riconoscere i suoi sbagli e la aiuti a ravvedersi. Affinché non capiti più a nessun ragazzo/a, a nessun genitore, lei compreso, perché sappia che nella vita può accadere di tutto, anche di vivere sulla propria pelle ciò che più si combatte, quello che lei ha portato Daniela a fare. Suicidarsi! Per liberare il mondo dal diverso, per lasciar spazio a qualcuno di "normale", di non sbagliato, come le ha augurato lei. Le ha fatto il lavaggio del cervello, l'ha fatta sentire così, l'ha plagiata, l'ha umiliata, finché non è più stata capace di reggere il peso della cattiveria, sua e di altri come lei.

Lei Altieri sarebbe normale? Allora rinnego la normalità. Chi dice che la normalità è il giusto e non sia meglio la diversità, l'essere speciale? Dove è scritto? Lei come si arroga il diritto di affermarlo, o l'ha deciso insieme a tutti quelli simili a lei convinti di avere la scienza infusa e la pura verità al di sopra di tutti? Che banalità, che tristezza, con tutto il suo sapere lei mi fa solo tanta pena perché è cieco, è ignorante nonostante le sue lauree, è insensibile, è una vera nullità sul piano umano! Anche lei con le sue idee sbagliate e retrograde è diverso, sbagliato, fa parte di una minoranza ed è da combattere; nonostante si ritenga normale, infine, non lo è, eppure nessuno lo istiga al suicidio e vive la sua vita come crede e con la libertà di intromettersi in quella degli altri e avversarli.

Sarebbe lei da cambiare non le persone come Daniela. La mia sofferenza non servirà a cambiare lo stato delle cose, è solo una tra tante e ciò che mi offende è che non vedo nessuna luce in fondo al tunnel, non per me, non per lei e non per quelli come mia figlia che lei disprezzava. Li chiama lesbiche, finocchi, diversi, invertiti, checche, e in altri modi peggiori e volgari, che non riporto per correttezza, e che vorrebbe veder sparire dalla faccia della terra. Però lei pensa di essere ineccepibile, di sapere cosa è giusto e cosa sbagliato e si innalza alla posizione di giudicare e condannare.

Mi fa anche tanta paura perché se persone come lei piene di sapere, istruite, educatori, insegnanti in tutto lo spettro che tali termini significano la pensa così, i nostri ragazzi, diversi, a suo dire, non avranno un futuro... non un futuro sereno e felice, non avranno nessuna libertà di esprimersi come si sentono, non ci saranno speranze di una vita di condivisione.

Sofferenza infinita, incredulità, pena, paura, frustrazione, annichilimento della speranza, delusione. Povero professore, privo di tanti sentimenti e valori importanti, che persona piccola e insignificante è lei, eppure quanto male può fare con le sue piccole, ristrette e anormali idee.

Dopo l'accaduto, il mio primo istinto è stato quello di seguire la mia bambina, ci ho provato, ma Daniela non ha voluto, non mi ha voluto con sé e dopo essere passata per tutti gli stadi dell'elaborazione del lutto, mi sono rialzata e ho deciso che la cosa più importante e giusta per aiutarla, anche se non potevo riportarla in vita, sarebbe stato combattere per lei, al posto suo la sua battaglia. Per lei e per tutte le persone come lei che sono osteggiate per il loro orientamento sessuale non ancora accettato dalla maggioranza. Lottare per la loro libertà: libertà di vivere, di esprimersi, di essere come vogliono, di non nascondersi, di non essere attaccati, di amare ed essere riamati chi vogliono senza vergogna, di camminare per la strada a testa alta, mano nella mano con chi li ama. Non sarà facile ottenere queste libertà finché ci saranno in giro persone come lei che aprono bocca per il gusto di sentire la propria voce che non ha nessun collegamento a un cervello aperto al mondo e ai diritti degli altri. Ciononostante, mi auguro che in un giorno non troppo lontano non ci siano più persone ottuse par suo che si arrogano il diritto di giudicare ponendosi al posto di Dio. Neanche lui condanna, perché lei sì? La colpa è anche della società bigotta e senza fede, che ha "paura" di affrontare a cuore e mente aperti 'gli altri' e trova più semplice contrastarli, girarsi dall'altro lato per non vedere invece di aprirsi, comprendere, accettare e tollerare.

Ho trovato un diario che Daniela ha tenuto fino al suo ultimo giorno. Con le sue parole potrei denunciarla per aver avuto un ruolo nella decisone di mia figlia e istigata. Lei l'ha determinata al suicidio e in Italia è un reato punibile da cinque a dodici anni, anche se è un periodo risibile per qualcuno che ha spezzato la vita di un altro con la sua mediocrità. Potrei farla sbattere dentro o se pure non andasse in prigione la sua vita sarebbe rovinata per sempre, senza un lavoro resterebbe una nullità in compagnia delle sue idee meschine. Io però, non riotterrei comunque la vita della mia vita, lei starebbe ancora li, dentro una bara bianca e al freddo, ma chissà che un giorno non cambi idea, dunque, stia in guardia, mio caro educatore omofobo, perché le cose possono cambiare da un giorno all'altro nella vita di ognuno di noi.

Di seguito, riporto alcuni passi di quanto ho letto nel suo diario, non perché sia convinta che lei possa ricredersi, bensì con la speranza che possano essere di aiuto a qualcun'altra/o e che non ripeta l'errore fatto con mia figlia scatenando attorno a lei un orrore infinito. Penso di non farle un torto e che la mia bambina approverebbe.

**

"Mamma grazie, grazie di cuore per avermi capita e accettata, ma non avevo dubbi; parlare con te mi è stato di grande aiuto e mi ha dato la forza di affrontare ciò che di brutto c'è là fuori: l'omofobia, la discriminazione, la cattiveria e la perfidia a prescindere, l'incomprensione, l'avversione per quelle come me. Scusa, so che tu non vuoi che io mi definisca così. "Quelle come me", lo dicono gli altri, quelli che ci discriminano, io non vorrei fare questa deludente distinzione perché sono solo Daniela: una persona fra tante, che ama, soffre, studia, ride, vive... come tutti. Sai avevo un po' di timore ad aprirti il mio cuore, non perché avessi timore che non mi avresti capita e appoggiata, conosco il tuo cuore e la tua mente, bensì perché sapevo di darti un dispiacere. No, non per quello che sono, bensì al pensiero di quello che dovrò affrontare e subire nel mondo esterno, perché capiterà di non essere accettata, magari maltrattata e insultata da alcuni quando verranno a conoscenza del mio segreto. Perché sai anche tu che il mondo non è ancora pronto, che le menti di una parte delle persone non sono del tutto aperte alla comprensione, perché forse soffrirò, e sarà così, molto probabilmente. Grazie perché mi stai vicino comunque e dividi tutto con me e per me è tanto, con te sarò più forte."

**

"Penso che il prof Altieri si sia accorto che sono gay, ho capito che ha qualche sospetto sul mio genere nonostante io non abbia atteggiamenti che a lui o a chiunque potrebbero sembrare "strani", con nessuno dei miei compagni o compagne di scuola. Ero una delle sue preferite, era sempre gentile e premuroso con me, mi lodava per il mio impegno e la mia maturità e ora di colpo ha iniziato a comportarsi in modo diverso; mi guarda in maniera strana e mi tiene d'occhio continuamente quasi a volermi sorprendere a comportarmi come lui si aspetta e magari condannarmi."

**

"Oggi il prof Altieri mi ha fermato in corridoio e mi ha chiesto deciso se avessi qualcosa da riferirgli. Sono rimasta in silenzio non essendo convinta cosa intendesse e allora d'impulso mi ha chiesto apertamente se fossi gay. Non avrei voluto confessarglielo, non ancora, solo che la mia espressione, probabilmente, mi ha tradito. Lui si è allontano da me di colpo con un'espressione inorridita sul viso come avesse scoperto che avevo la peste e avesse paura del contagio.
Mi ha mormorato poi, con espressione disgustata:

"Che schifo Dani, davvero lo sei, non mi sbagliavo dunque? Ero così fiero di te credevo fossi meglio delle altre e invece sei diversa, peggiore e sbagliata, sei solo una schifosa lesbica, una...!"

Sai ha usato quella parola volgare che alcuni usano per definirci e che mi vergogno persino a ripetere.

Se n'è andato, quindi, scuotendo la testa e strofinandosi le mani col gel disinfettante del flacone appeso alla parete, quasi lo avessi davvero contagiato di qualcosa di brutto. Forse ha più paura di me che del Covid. E sono sicura che questo è solo il primo episodio di tanti che dovrò affrontare qui a scuola e fuori se si saprà, ne sono sicura. Perché le persone non capiscono che sono del tutto normale o davvero sono sbagliata come lui dice? Dovrò nascondere ciò che sento, fingere di essere ciò che non sono e non mi definisce, dovrò nascondermi, essere ipocrita e falsa, come farò e... ce la farò?"

******

"Le cose vanno sempre peggio, Altieri m'ignora, mi evita, anche durante le interrogazioni tiene al minimo i rapporti con me. Ora mi fa le domande più complesse e difficili, forse sperando che non risponda, in una sorta di ritorsione perché non sono come credeva o si aspettava, per vendicarsi di un torto che pare gli abbia fatto quasi a livello personale. I suoi voti si sono abbassati notevolmente nonostante io sia sempre preparata e risponda a tutto, mi tratta in modo burbero e talvolta persino maleducato. Sembra che scoprire le mie tendenze sessuali abbia cambiato ai suoi occhi l'immagine che avevo finora. Non sono più io, la brava, talentuosa, educata, studiosa e rispettosa Dani; ora mi vede diversa: sono solo una ragazza gay e dunque da trattare differentemente, da allontanare o ignorare sperando che scompaia perché gli faccio schifo, come mi sibila appena può."

**

"Il prof da giorni ha iniziato a fare chiari discorsi omofobi sia in classe sia sui social facendo intuire neanche troppo velatamente quando sia difficile per lui insegnare a persone 'diverse, malate e non normali'."

191

**

"Oggi Altieri in aula ha alluso chiaramente al mio essere omosessuale; alcuni compagni, problematici quanto lui, hanno riso guardando nella mia direzione facendo gesti equivoci, sconci ed espliciti. Sai qual è stato il momento più brutto? Quando levando la felpa vi ho trovato appiccicato un disegno sconcio con una scritta che non riferisco. Facendo mente locale ho capito che era stata opera di Marina, mia amica tra l'altro, quando si è avvicinata a me per un gesto, che io pensavo di consolazione e amicizia. È stato davvero tremendo, anche quelle che credevo mie amiche mi deridono e umiliano."

**

"È iniziata la gara al massacro. Nel mio profilo social ho trovato una valanga di offese, insulti, provocazioni e cattiverie di vario genere. Anche Altieri nel suo continua la sua crociata, senza fare nomi, ma alludendo chiaramente a "una sua studentessa" che gli fa ribrezzo, della quale non sopporta più neanche la vista, che è nauseante e continua dicendo che persone simili non dovrebbero esistere. Che ci vorrebbe

192

un novello Hitler o un Saddam per sterminarli tutti. Che non hanno diritto di vivere in mezzo alle persone normali. Appestati, ci definisce."

**

"Ho provato a resistere, per non dargliela vinta, per dimostrare la mia forza e che non m'importa di come la pensino gli altri, però dopo due settimane di violenze psicologiche mi sono decisa a chiudere i miei profili social. Non riesco più a leggere tante cattiverie. Non sopporto più gli attacchi continui di chi cerca facili divertimenti sulla pelle altrui. Qualche compagno, alcune amiche e anche estranei hanno tentato di difendermi, ma sono stati tacciati anche loro di essere gay e insultati. Ero convinta che sarei stata più forte, invece, lo sono meno di quanto pensavo e non ce la faccio più, comincio a cedere. Le continue offese, gli insulti, le parole volgari e le minacce mi accompagnano ogni giorno e ormai lo sanno tutti anche quelli che non gli può importare di meno della mia vita. Ed è solo l'inizio, come penso di farcela? Dopo aver parlato con mia madre pensavo di poter affrontare tutti gli ostacoli e le cattiverie che sapevo sarebbero

193

giunte, tuttavia, mi sono resa conto che in pratica non è così facile, soprattutto non immaginavo che la perfidia al mondo si abbassasse a questo livello. Mamma mi ama, mi capisce, anche qualche compagna e compagni di classe mi supportano e cercano di stare dalla mia parte, m'incoraggiano, capiscono e difendono, però la maggior parte mi apostrofa con i peggiori epiteti, anche in classe, con i sorrisini compiaciuti del prof, anzi con il suo benestare si può dire. Sono diventata un paria e sia la regola deridermi e offendermi così. Ormai non sono più Daniela bensì... non oso neanche ripetere i soprannomi che usano. Non ce la faccio più, devo andarmene, ma dove, ovunque vada tutto mi seguirà e nulla mi renderà invisibile o insensibile alla cattiveria."

**

"Anche oggi mi sono arrivati sul banco dei disegni osceni e frasi che mi incoraggiano a togliermi dai piedi, scomparire, uccidermi addirittura, per fare un favore a tutti. Ormai è diventata la norma, pensavo ragionevolmente che ignorandoli avrebbero smesso, solo che non è stato così e non immaginavo ci fosse una tale varietà di offese e il peggiore è sempre lui: Altieri! Il mio educatore, il mio insegnante, quello che dovrebbe proteggermi e difendermi.

Quanto possono essere crudeli certe persone, e quanto possano godere della sofferenza altrui è incredibile, altrimenti perché lo farebbero invece di limitarsi a farsi gli affari propri e vivere la loro vita senza badare a me che non do fastidio a nessuno? Sono certa che siano una minoranza, ma sembrano una folla enorme e quanto fa male e mi soffoca! Non ce la faccio più, forse ha ragione Altieri. Vorrei rendermi invisibile, sono sbagliata perché sono diversa, mi devo vergognare, dove posso trovare un posto per me se questa società stessa non ci tutela, non capisce né accetta 'quelle come me'? Non riesco più a dormire, sto male anche fisicamente, vomito, mi vergogno ogni volta che esco ormai e cerco di uscire meno che posso."

**

"Oggi il prof passandomi non troppo vicino, per evitare il contagio, mi ha sibilato: "ma tu stai ancora qui, quando intendi levarti dal cazzo,

ops! scusa tu non sai cosa sia, preferisci altro - risatina sarcastica - fai un favore a tutti… sparisci, crepa, attaccati alla canna del gas, buttati sotto un treno, sparati, impiccati e facci godere della tua assenza…"
Maledetto, lo odio, anche se un sentimento che non mi è congeniale e mai avrei pensato di provare. Perché non capisce che sono sempre io, la Dani di cui lui andava fiero, che nulla è cambiato e sono sempre la stessa, nonostante tutto, ma… se avesse ragione lui? Se fossi davvero diversa e sbagliata, malata, indegna di stare in mezzo agli altri?"

**

"Sto cominciando veramente a mettere in dubbio me stessa, tutta la mia vita, ciò che sono e soprattutto il mio avvenire. Mi sento una 'non persona', uno scherzo della natura; le altre non sono così, cosa c'è in me che non va, sarà sempre così, verrò schifata e schivata da tutti? Come farò ad affrontare il mio futuro, anzi so che non ce ne sarà mai uno per me, ho solo 17 anni e non ho più la forza di guardare al domani. Mi addormento ogni sera sperando di non svegliarmi per non affrontare un altro giorno di occhiatacce, insulti e perfidie. Non posso sfogarmi con nessuno e non posso caricare mia mamma di questo peso, ne soffrirebbe tantissimo e non deve, ha già troppo cui pensare. Mi devo tenere tutto dentro e vorrei soltanto scomparire in silenzio, come la neve al sole, senza fare rumore. Vorrei addormentarmi e non svegliarmi più o farlo in un mondo diverso e più umano, dove tutti si accettano senza distinzioni e nessuno si sente diverso, o sia costretto a subire ciò che io sento.”

**

“Non ce la faccio più, è tutto troppo più grande di me, perché non sono nata normale come le mie amiche, perché sono nata sbagliata? Perché i miei istinti non sono quelli di tutti? Mi odio, odio ciò che sono e vorrei sparire. Ha ragione Altieri.

**

“Non dormo più, non voglio alzarmi dal letto, al solo pensiero di uscire da casa vengo assalita da crisi di panico e devo chiudermi in bagno finché sto meglio o finché riesco a togliere i segni dal mio viso per non far capire a mia mamma ciò che mi sta travolgendo, non so quanto potrò andare avanti così. Ho bisogno di aiuto, ma chi può darmelo, dove rivolgermi, a chi?"

**

"Ogni giorno è più pesante di quello precedente, vorrei morire, sono sopraffatta dallo sconforto e non ce la faccio a sopportare tutto, è troppo e mi sento indifesa, non riesco né posso andare avanti così. Per me non ci sarà mai posto nel mondo, non vedo un futuro. Cosa ci faccio in un mondo che non mi vuole, dove le diversità, le debolezze e le fragilità non sono accettate e solo viste con odio e paura e combattute?"

**

"No, basta mi resta una sola cosa da fare."

**

"Mamma perdonami, io non sono forte come te, non ce la faccio; falla pagare al prof è stato lui e quelli simili a lui a precipitarmi in questo girone infernale senza via di uscita. No, non farlo, anzi, lascialo nella sua merda, sono io a essere debole, difendimi ti prego, tu sei meglio di lui. Prega per me. Addio."

***

Queste sono le ultime parole della mia bambina, Altieri, e poi se n'è andata, mi ha lasciato sola. Perché l'ha costretta a quest'atto insano, era fiero di lei e Daniela era la stessa di sempre cosa cambiava chi avrebbe amato, uomo o donna? La sua mente è cosa gretta da non capire che è ciò che c'era nel suo cuore che la rendeva importante, speciale, mentre nel suo c'è solo odio, livore, intolleranza, le manca l'umanità, l'apertura mentale. Se cerca qualcuno di sbagliato si guardi allo specchio e le auguro che ogni volta che lo fa veda anche il viso della mia ragazza che l'accusa e senta rimorso e tormento per ciò che le ha fatto.

Perché non si è aperta con me, non mi ha detto in che inferno era caduta, mi ha fatto credere che aveva sì alcuni problemi, ma che li avrebbe superati, come sempre. Con me era la stessa Daniela di sempre, rideva, scherzava, sembrava serena, mentre dentro di lei moriva di dolore e soffriva doppiamente, a causa sua combatteva da sola e infine ha perso la sua battaglia, che io non sono stata capace di avvertire e ora combatterò fino al mio ultimo giorno al posto suo. Non voglio crogiolarmi nei sensi di colpa per non essermi resa conto della gravità della sua situazione, non l'aiuterei neanche ora e voglio andare avanti per difenderla contro tutte le persone sbagliate come lei Altieri. Sì, è lei a essere sbagliato e nel peggiore dei modi, lei non è un essere umano ma peggio di una bestia per quello che ha portato la mia bambina a fare.

Spero sia fiero di lei, del lavoro certosino esercitato sulle sue fragili paure e insicurezze, le auguro che ogni volta che guarda in viso uno dei suoi figli veda quello di Daniela che non c'è più per colpa sua e capisca il male fatto. Le augurerei che tutti i suoi figli siano gay, tuttavia, con un tale padre sarebbe solo una colpa in più che dovrebbero sopportare, soffrirebbero il doppio e loro non lo meritano, proprio come Daniela.

Sono Eliana, mamma di Daniela, la ragazza più meravigliosa del mondo.

Cara prof, lei non è di ruolo nella mia sezione, si è limitata, per fortuna, anche se so che non dipende da lei, a fare solo una veloce comparsa che ha portato però diversi danni a tutti noi. Lei, non solo non è molto preparata e all'altezza di insegnare a dei ragazzi al giorno d'oggi, ma non ha neanche polso, non sa mantenere una classe e non dovrebbe proprio insegnare e se lo lasci dire da me, anche se ho solo 16 anni.

Le ricordo un episodio che non ha certo provocato lei, però, che lei non ha saputo gestire assolutamente nella maniera più efficace, anzi non ha gestito per niente. In più se i personaggi esterni alla classe che hanno fatto irruzione in aula fossero stati armati, come spesso succede negli States e anche qui da noi talvolta, sarebbe potuta finire molto male per tutti noi, lei compresa.

Quella mattina lei è arrivata in aula e si è messa seduta alla sua cattedra con un'aria che io ho visto 'un po' strafottente' come di chi vuol fare intendere che, anche se era solo una supplente era comunque la nostra professoressa e non avremmo dovuto sottovalutarla né sminuirla. Ed era giusto così, ma forse è stata proprio lei con il suo atteggiamento a svalutarsi un tantino non crede? Alcuni minuti dopo il suo ingresso la porta dell'aula si è spalancata all'improvviso e sono entrati due soggetti facinorosi, che nulla avevano a che fare con noi. Io ho il sospetto fossero amici di due ragazzi della nostra sezione, che non sono proprio due studenti modello e al limite della civiltà, e si fossero messi d'accordo apposta per fare la sceneggiata. Naturalmente non ne ho le prove ed è solo una mia idea e, comunque, se pure così fosse, il resto della classe ne era all'oscuro. Questi soggetti esterni hanno iniziato a urlare, saltare, ridere sguaiatamente, minacciare lei con gesti e parole scurrili e poi anche noi. La sua reazione?

Si è messa a urlare contro di noi che, allibiti, stavamo ai banchi e a minacciare che ci avrebbe fatto sospendere e bocciare tutti perché eravamo una massa di delinquenti: queste le sue parole. Io a quel punto mi sono alzato con calma e sono andato verso di lei prof per cercare di chiarire la situazione e spiegarle che i ragazzi non erano dei nostri e non li conoscevamo assolutamente. Lei vedendomi in piedi è scattata come una molla e ha iniziato a inveire contro di me. Non ha trovato di meglio da dire né ha saputo fare altro che urlami contro e minacciarmi che sarebbe finita male per noi, col braccio teso verso di me come brandisse un'arma. A un certo punto, lanciato da non so chi esattamente, un banco è volato fuori dalla finestra aperta, lei ha avuto il coraggio di dire istericamente: "uscite da quest'aula" e basta, mentre i due incuranti continuavano la loro sceneggiata. Dopo un po' uno dei ragazzi è uscito per poi rientrare subito dopo sbeffeggiando tutti, mentre l'altro si è abbassato i pantaloni mostrandole il suo posteriore. A questo punto lei, l'unica adulta presente, ha avuto la grande, formidabile reazione di rimettersi a sedere scocciata, aprire un libro e fingere di leggere. Sono abbastanza sicuro che fingesse in quanto era piuttosto impossibile leggere in quella baraonda dove non sarebbe riuscita a sentire neanche i suoi pensieri. Dopo alcuni minuti, i ragazzi dopo aver ancora ancora urlato e sghignazzato incontrastati hanno deciso di scappare spontaneamente e solo allora lei ha chiamato la vicedirettrice scolastica, riferendo però la sua versione poco obiettiva dell'episodio, chiedendo, inoltre, la sospensione di tutti noi, una brutta valutazione in condotta e conseguente bocciatura.

Io da rappresentante di classe ho preso la parola e mi sono attivato per difendere tutti noi, affermando che eravamo estranei e scioccati quanto lei dell'accaduto, chiarendo per filo e per segno, prima oralmente e in seguito in una memoria scritta, come si era svolto l'episodio, ciononostante lei è stata irremovibile. Pretendeva minimo la nostra sospensione perché era stata oltraggiata e minacciata. Ma minacciata da chi? Non certo dalla classe che era stata ingiuriata insieme a lei e ne era consapevole, anche se non lo ha ammesso. Eravamo tutti vittime di due incivili teppisti sconosciuti e lei ci ha attaccato?

Secondo lei prof, responsabile di venti minorenni, tenti di osservare il tutto dall'esterno e si chieda obiettivamente se ha gestito bene la rischiosa situazione creatasi? Mettersi a sedere fingendo di leggere lasciando campo libero ai teppistelli e attendere che tutto passasse era la cosa migliore da fare? Come sarebbe finita se loro fossero stati armati con vere armi invece che solo dalla loro inciviltà e non fossero andati via spontaneamente, non certo perché lei si sia impegnata a espellerli? Lei è stata fortunata che nessuno di noi sia rimasto ferito, che i ragazzi si siano limitati a urlare e a fare i maleducati, altrimenti come avrebbe giustificato la sua passività? Sempre accusando noi come ha insistito a fare, anche se vittime quanto lei?

Non sarebbe stato suo dovere farci uscire tutti dall'aula, andare subito in corridoio, urlare e far accorrere bidelli, guardie, professori e chiunque, finché avesse realmente capito la pericolosità e le dinamiche insorte e messo noi e l'aula in sicurezza?

Io non la conosco professoressa né come docente né come persona e non mi permetto di giudicarla, tuttavia, per quanto riguarda ciò che ho visto, le sue reazioni, il suo agire passivamente senza prendere subito in mano la situazione, lei non mi è sembrata adatta ad avere la responsabilità di tanti ragazzi. Avrebbe dovuto salvaguardarci quantomeno provando a fare qualsiasi cosa per la nostra e sua sicurezza e invece… dopo, assolvendosi e sentendosi offesa ha persino preteso a gran voce ritorsioni contro di noi quasi fossimo da punire. E lei allora, a lei cosa dovrebbero fare per la sua latitanza e l'incompetenza in quel frangente delicato? Se uno di noi fosse rimasto ferito durante quel teatrino tragicomico, sarebbe pure stata colpa nostra? Quei ragazzi infine sono andati via quando hanno deciso loro di farlo senza essere fermati da nessuno e se non fosse stato così, se avessero fatto qualcosa di più grave a lei e a noi? Avrebbe avuto ancora il coraggio di accusarci? Inoltre, lei, arrabbiata, continuava a tirare in ballo me perché mi ero alzato per tentare di farle capire che non conoscevamo i due e lei non aveva gradito né ha voluto ascoltare le mie parole.

Capisco che non sia facile reagire con prontezza e lucidità in ogni occasione, tuttavia, urlare e allertare qualcuno non avrebbe dovuto essere il primo pensiero di chiunque nella stessa situazione? Poi perché continuare a prendersela con noi anche dopo che lei ha appurato l'estraneità dei soggetti alla nostra classe e addirittura all'istituto? Perché insistere sulla nostra sospensione e sulla nota di demerito sul registro? Per salvare la faccia? No, lei ha pensato che fosse stato uno scherzo organizzato ai suoi danni da tutti noi e poi ha insistito imperterrita su quella versione. Mi creda c'era poco da salvare secondo me, oltre la sua faccia, lei dovrebbe cercarsi un altro tipo di lavoro, anni luce da quello che fa, che non comporti alcuna responsabilità di altre persone soprattutto se minori.

La questione è andata avanti in modo meticoloso per settimane, tra riunioni a scuola, anche con i genitori, lettere, memorie scritte da parte di tutte le persone coinvolte, meno i due teppisti scomparsi nel nulla naturalmente, accuse e richieste. Ci sono state persino minacce da parte di alcuni genitori intenzionati a usare canali ufficiali e giornali ai quali rendere noto e pubblico l'accaduto, la sua poca professionalità professoressa e l'averci messo in una situazione critica, se la sospensione ingiustificata avesse avuto un seguito.

Alla fine, lei non ci ha fatto una bella figura, tuttavia dubito che abbia capito i suoi sbagli e la sua inefficienza. Nessuno di noi è stato sospeso, alfine, abbiamo comunque avuto un richiamo verbale e un periodo di "attenzione per controllare le nostre azioni". Ridicolo vero come qualsiasi cosa facciano, o non facciano, i professori si trova sempre il modo per far ricadere le colpe su di noi studenti! Nei mesi in cui siamo stati sotto osservazione non ci è stato permesso di partecipare a nessuna gita. Solo dietro nostra insistenza, infine ci è stato dato l'ok per l'ultima effettuata. Alla conclusione ci siamo sentiti dire che "tutto sommato" siamo stati la classe che si è comportata meglio, tutte le altre hanno fatto peggio. Mi verrebbe da rispondere con una parolaccia, solo che io non le dico.

Ah, mi chiamo Carlo Adriani e scusi se mi auguro di non incontrarla più sulla mia strada, ma tutto serve per fare esperienze che ci maturano no? Finché finiscono bene. Chissà forse dovrei anche ringraziarla, lei che ne dice?

Carlo Adriani

Sono Carla, la mamma di Leo che ora ha otto anni.

Di nascosto lo osservo giocare con Sara, Eliana, Mattia, Evita e mi sembra un miracolo. Gioca, ride, è sereno, si rotola per terra contento, saltella, si nasconde, parla…, soprattutto parla. Sì, parla, e non era scontato se penso a com'era diventato solo poco più di un anno fa. Allora non parlava quasi più, si era chiuso in sé stesso e sembrava si stesse avviando ad abitare un mondo personale e solitario dove nessuno potesse fargli del male. È stato un periodo orrendo per noi. Tutto questo in seguito all'approccio sbagliato usato con lui in prima elementare, da una maestra dalla mente brillante, un'insegnante, una curatrice di menti, una che dovrebbe essere anche psicologa e pedagoga e alla quale il provveditorato ha pensato normale affidarle dei bambini. Inoltre, trattava tutti i bimbi alla stessa stregua senza nessuna distinzione anche quando talvolta bisognerebbe farne, e non poche perché i piccoli non sono tutti uguali. Leo è un bambino iperattivo, non riesce a stare seduto e fermo per molto tempo, si alza e chiacchiera con i compagni, talvolta si distrae, interrompe la lezione per fare domande. È un bimbo vivace, un po' troppo direbbe qualcuno. Non ha proprio una sindrome ADHD, ciononostante andava attenzionato e seguito meglio, non trattato come è successo.

La maestra all'avanguardia con gli strumenti ottimali per trattare bambini problematici in prima elementare ha scoperto per caso che Leo non riusciva a camminare se non aveva le scarpe ai piedi e a quel punto la "persona adulta, competente e abilitata a insegnare" ha pensato bene di usare questa particolarità come arma per non farlo muovere e farlo stare seduto al banco come voleva lei. Io lo definirei abuso psicologico estremo, da denuncia, che poteva creare enormi danni nella mente fragile di un bambino.

Ho visto una scena simile nel film "Risvegli", tratto da un libro del neurologo Oliver Sacks, dove il paziente, curato nella realtà dal neurologo, affetto da encefalite letargica aveva iniziato a svegliarsi per una terapia all'avanguardia, anche se poi è regredito allo stato iniziale. L'uomo si bloccava, nel suo deambulare nella sala comune, sempre vicino alla porta di comunicazione che portava all'altra sala, dove il pavimento della stanza cambiava disegno e colore.

Qualcosa a livello neuropsicologico lo bloccava, il disegno a terra, e lui non riusciva a oltrepassarlo come fosse a ridosso di una parete e si fermava, respinto.

Lei maestra agiva con Leo come il disegno: lo privava delle scarpe, bloccandolo per non farlo camminare, per non permettergli di alzarsi e andarsene libero in giro per l'aula e gliele faceva rimettere solo al momento di tornare a casa. Secondo me è terribile; si è mai fermata a pensare ai danni che poteva causare sul cervello di un bambino un simile gesto apparentemente semplice? Come possiamo, noi che non siamo medici, capirne le reazioni a livello emotivo e psicologico se lo costringeva a farlo stare fermo? Era come un impedimento che scatenava un blocco a livello psichico tale da inibirlo come avrebbe fatto un farmaco chimico. Secondo me non è qualcosa di divertente come voleva farmi credere lei, maestra, bensì un fatto gravissimo e le conseguenze si sono palesate giorno dopo giorno sul carattere di Leo, purtroppo.

E lei approfittava di una sua debolezza o fragilità per impedirgli di esternare la sua vivacità non intuendo che fermandolo andava ben oltre i suoi doveri e influenzava ben altro che il suo deambulare. Ma non ha appreso nulla nei suoi anni di formazione scolastica? Come può ritenersi pronta a educare e insegnare e ad approcciarsi con dei bambini così piccoli, anche se ha superato l'esame di 'abilitazione' se sono questi i suoi strumenti educativi? Si è davvero sentita tanto 'abile' in questo frangente, frenando il mio bambino con un simile espediente, privandolo insieme alle scarpe della sua libertà? Si è mai fermata a pensare alle conseguenze, si è posta la domanda se quel, per lei semplice, gesto, poteva incidere negativamente su di lui a livello cerebrale?

E questo non è che uno degli espedienti usati da lei per farlo ubbidire, per piegarlo al suo volere, per non fargli fare confusione in aula, per "educarlo". Le è mai venuto in mente che Leo forse aveva bisogno di ben altro che essere messo a tacere e fatto stare fermo? Qualcosa che lei con tutta la sua grande competenza non ha capito o forse non si è neanche premurata di cercare e valutare? Forse solo un po' di comprensione e pazienza!

Davvero un'educatrice, un'insegnante crede che la mortificazione, perché questo faceva, e la prevaricazione possano essere strumenti accettabili e validi per correggere un bambino e aiutarlo a crescere? Come può un bambino avere fiducia, imparare a gestire i conflitti in maniera costruttiva se è proprio l'adulto di riferimento, la sua maestra, l'educatrice stessa che non sa affrontarli, si comporta in maniera non idonea e ricorre a simili abusi perché fatica a controllare la sua frustrazione nel non riuscire a gestire la vivacità di un bambino? Non è assurdo?

Così Leo è cambiato in pochi mesi scolastici fino ad essere l'ombra di sé stesso finché ho scoperto che cosa stesse succedendo in aula e l'ho allontanato da lei e dalle sue colleghe conniventi, colpevoli quanto lei. L'ho portato via letteralmente di peso, prima che lo rovinasse del tutto psicologicamente e caratterialmente e ne facesse un bimbo che non era più quello solare e attivo com'era nel suo carattere essere. Naturalmente, mi sono sentita in diritto e le ho esposto il mio pensiero sui suoi metodi alquanto discutibili, esortandola a non continuare su quella strada per il bene dei bambini che i genitori affidavano con fiducia nelle sue mani, facendolo presente, dopo, anche al suo dirigente scolastico. Ho molti dubbi che i miei reclami possano servire a qualcosa, dal momento che noi genitori siamo sempre visti come: scocciatori lagnosi. Non so se siano stati presi provvedimenti o sia stata almeno richiamata, io ho comunque allontanato Leo da lei e dalla scuola.

Leo, da quel bambino dolce e solare che era, dopo l'esperienza repressiva, era diventato introverso, parlava a monosillabi, piangeva spesso, dormiva male, si rifiutava di andare a scuola, bagnava il letto, urlava talvolta e diventava persino aggressivo. Dopo aver appurato i metodi usati in aula, sono stata io a tenerlo a casa e rimpiango di non aver denunciato il suo operato, la sua insensibilità, la sua incompetenza, inaffidabilità e oserei dire ignoranza, in sedi più appropriate che la sola scuola. Ho sbagliato perché bisognerebbe sempre segnalare alle autorità i metodi coercitivi e dannosi usati a carico di qualsiasi bambino.

Dopo questa brutta esperienza ho cambiato del tutto tipo di scuola non solo istituto. Dopo aver effettuato parecchie ricerche ho iscritto Leo in una scuola completamente diversa, dove vengono valorizzate le individualità e i talenti dei bimbi invece di sopprimerli e ognuno è seguito in modo olistico, dove il primo pensiero non è il benessere della maestra bensì la serenità e il rispetto del bambino.

Una scuola Parentale!

Consiste in un gruppo di adulti che insieme si riuniscono e iniziano un progetto condiviso in una dimensione comunitaria. Questa scelta prevede obbligatoriamente un nucleo di adulti motivati, competenti in vari campi, e per alcuni, il possesso dei requisiti all'insegnamento. Un gruppo che sia in grado di identificare un programma ampio e serio e metterlo su carta, un progetto educativo con un'identità precisa, e dove, volendo, si possono aggiungere famiglie, educatori e altre figure interessate. In molti casi l'iniziativa parte proprio dai genitori che vogliono per i loro figli qualcosa di diverso della scuola tradizionale. Il fenomeno è vario e in crescita e a caratterizzare questo tipo d'insegnamento è proprio il tipo di persone che vi partecipano: motivate con interessi comuni e orientati al rispetto e alla scoperta del bambino;

ciononostante le scuole parentali non sono tutte uguali, bensì hanno alcune differenze tra loro, anche se l'idea basilare resta immutata.

Un paradigma fondato sulla dimensione partecipata e partecipativa al progetto che è sintetizzato nel termine co-schooling che indica la capacità di "fare insieme" e sollecita un processo partecipato di idee, pensieri e azioni educative, analisi dei bisogni, mirati soprattutto verso i primi attori della scena: i bambini.

In Italia se ne parla ancora poco, tuttavia sono scuole già diffuse in diversi paesi in Europa del Nord, ciononostante si stanno diffondendo sempre più anche qui e sempre più famiglie si avvicinano a fare questa scelta. Sottolineo che è pure un diritto sancito dalla nostra costituzione.

Anche la Polis, così si chiama la scuola che frequenta ora Leo è una scuola parentale di vedute moderne, detta 'nel bosco' perché completamente all'aperto; pedagogia, didattica e natura al contempo. Una scuola con una concezione e un metodo alternativo e innovativo che s'impegna a ripensare gli spazi educativi tradizionali e i vari interessi dei piccoli.

Qui si vuole portare loro al centro dell'insegnamento e della natura: avvolgendoli, immergendoli, facendoli interagire con essa seguendo percorsi di educazione e preparazione attiva. I bambini, dunque, si muovono in un ambiente esterno e non claustrofobico, ricco di stimoli, libero da costrizioni di banchi e pareti, senza moduli imposti né schemi rigidi e talvolta superati o tempi predefiniti se non quelli del periodo di lezione.

Apprendono anche mediante l'osservazione inventando e portando la teoria sul piano pratico, stando a contatto con la natura, studiandola dal vivo e 'usandola' per apprendere ogni disciplina sfruttando pure materiali alternativi e naturali e imparando l'uno dall'altro. Si lascia molto spazio alle peculiarità dei bambini e ai loro talenti anche con percorsi educazionali e preparazione attiva, coinvolgendoli ed entusiasmandoli.

Qui nessuna maestra leva le scarpe a un bambino per bloccarlo e farlo restare seduto, nessun atteggiamento limitante, talvolta sono loro stessi che se le tolgono per 'sentire' la natura sotto di loro e correre liberi.

Ho scoperto che c'è un interesse sempre crescente a questo metodo d'insegnamento, anche se dubito che lei maestra ne abbia mai sentito parlare o che sia portata a utilizzare simili metodiche.

È anche uno strumento di riflessione che lei dovrebbe conoscere a fondo, e non solo quello, qualcosa che la faccia meditare e mettere in discussione i suoi metodi educativi alquanto discutibili maestra, anzi, direi farglieli rivedere del tutto. Dovrebbe farlo, anche se insegna e educa in una scuola tradizionale, perché tradizionale non significa coercizione, violenza psicologica, abusi di alcun tipo, bensì educare, insegnare, con il pensiero sempre volto alle necessità, i bisogni, gli interessi e il rispetto del target finale delle nostre azioni: "il bambino".

No, la Polis non è una scuola per bambini difficili o particolari, che hanno bisogno di aiuti specifici, bensì per tutti e Leo non è un bambino difficile come lei intendeva farmi credere e se lo fosse stato lo avrei accettato per quello che era e fatto curare da persone specializzate e competenti, non certo da lei né con i suoi metodi abusanti e aberranti.

I figli si accettano come ci arrivano e si amano comunque, ma Leo è normalissimo, nonostante lei, e ringrazio per questo.

Naturalmente lui, forse ricordando i suoi metodi, all'inizio non era molto felice della nuova scuola, arrivava ogni giorno in lacrime e intimorito e ci siamo dovuti sottoporre a un breve periodo d'inserimento per fargliela accettare. Sì, "breve", e poi su consiglio delle maestre l'ho affidato nelle loro mani sperando di non dovermene pentire, sebbene consolata dalle parole delle altre mamme, che mandavano là i bambini da anni e ne erano contente. Le fonti migliori e più attente. E quello che è successo là, dopo, è quel bambino che ora ho davanti a me e che osservo di nascosto. Un bambino che ha ritrovato la sua dimensione e la sua gioia di vivere oltre scoprire le sue potenzialità.

È un Leo libero, che ride, si diverte, gioca, parla, impara, è sereno, sta bene con i suoi amichetti, vive, corre o sta fermo con scarpe o senza. Qua non subisce nessuna manipolazione psicologica com'è successo nel suo recente vissuto, c'è un approccio completamente diverso, gli è stata data la possibilità di riuscire a processare i momenti negativi e pian piano ha vinto.

Mi chiedo se esista una mamma priva di sensi di colpa, io li ho certamente per aver sottoposto, inconsciamente, il mio bambino a una simile prova e vederlo così abbattuto, mi faceva sanguinare il cuore, ma per fortuna sono arrivata a tempo.

Ci saranno certamente altri ostacoli nella sua vita, capiteranno altri momenti negativi è normale e non sempre una mamma potrà evitarli e Leo dovrà imparare con il tempo a superare da solo le paure e le avversità. Anche le cadute, gli ostacoli e le esperienze servono per crescere, ma l'importante è che impari a rialzarsi e superare tutto con coraggio.

Radici per non cadere e ali per volare, questo è l'importante o come diceva il Dalai Lama: "dona a chi ami ali per volare, radici per tornare e motivi per rimanere", perché se veramente amiamo pur soffrendo dobbiamo dare ai nostri figli le libertà di cui hanno bisogno. È necessario per noi mamme anche mettersi in discussione e lavorare al meglio pensando al loro bene finché si può e insegnargli poi a volare da soli. Lei lo farà maestra? Non le sto dicendo che dovrà consumarsi nei sensi di colpa o di stravolgere la sua vita, tuttavia, di leggersi dentro e leggere al di fuori, di non smettere mai di imparare per poter insegnare meglio e sostenere e curare veramente i bambini che le si affidano. E soprattutto legga meglio loro: i bambini sono un libro aperto che non bisogna ignorare e hanno tante pagine diverse, ognuna da saper decifrare, non da voltare automaticamente senza capire. Ascoltiamo a fondo i bambini e cerchiamo di capire che ogni frase detta da loro ha una valenza e un'intensità doppia. Siamo noi che dobbiamo essere attenti a loro, non viceversa, per farne delle persone migliori migliorandoci. Se impariamo a leggerli meglio troveremo la risposta adatta e ci insegneranno più cose di quanto, forse, noi insegniamo loro.

Ad maiora magistra!

Carla

Egregio professor Mariani, frequento la terza classe di un liceo scientifico e lei ha segnato un record nel mio curriculum scolastico finora immacolato. Mi ha fatto trovare dopo il primo quadrimestre di quest'anno un bel tre nella mia pagella, come si diceva una volta o registro di classe come si dice ora. Un record perché è il primo in assoluto della mia vita e per niente meritato devo dire. Si penserà che noi studenti diciamo sempre di non meritare i brutti voti che prendiamo e, per quanto mi riguarda non è così. Il mio tre è un voto non sostenuto da evidenze logiche e in buona compagnia. Sì, perché è lo stesso voto che hanno tutti i miei compagni e compagne di classe, a parte uno striminzito cinque dato al ragazzo più bravo di tutti, che forse non ha potuto non dare perché avrebbe negato un'evidenza troppo difficile da confutare o forse perché è l'unico che le sta un po' a genio. Con molta probabilità tutti noi ci porteremo la sua materia a settembre nonostante i nostri sforzi fatti e che facciamo per migliorare il voto. Lei non si è limitato a riderci in faccia alla richiesta di tentativi di migliorarlo e ci ha già avvisati che non si fermerà al tre dato e può benissimo ripeterlo. Quando lei è arrivato da noi Mariani, non è stato preceduto da una buona fama; tutti noi sappiamo che ha già "onorato" della sua presenza diversi istituti romani e dintorni. Da ognuno è stato invitato 'gentilmente' a lasciar libera la sua posizione e portare la sua ingombrante, in ogni senso, presenza da un'altra parte. Quanti istituti ha girato prof? Tre, cinque, dieci? So che finora sono stati tanti e pare che anche qui intenda stabilire un suo record personale e lei, malgrado tutto, con la sua faccia di bronzo continua imperterrito col suo solito modus operandi già collaudato altrove senza preoccuparsi di quante vittime semina nel suo percorso. Il motivo dei suoi spostamenti è sempre lo stesso: la rivolta dei suoi studenti per il suo comportamento eticamente scorretto, e lei non si pone domande perché è assolutamente indifferente al cambiamento o, meglio dire, al miglioramento del suo approcciarsi con i ragazzi. Più semplicemente: se ne frega di tutti a tutto tondo, forte del fatto che è di ruolo e che tanto non potranno licenziarla e questo assolutamente è inconcepibile al giorno d'oggi. Lei spessissimo è assente, per malattia o per altro non si sa, e quando sta in classe non si preoccupa di insegnare perché troppo occupato a farsi gli affari suoi. La colpa è sua per quanto riguarda il suo mancato 'insegnamento' e la sua latitanza; tuttavia, è anche del provveditorato per quanto concerne il tenere operativo e stipendiare un soggetto inesistente e menefreghista come lei. Ancor più quando tanti altri insegnanti più volenterosi e più competenti di lei stanno a spasso e desidererebbero stare al suo posto e insegnare veramente e con talento. A lei danno come unica punizione per il suo non impegnarsi la possibilità di saltare da un istituto all'altro e nient'altro, finché poi qualcuno alza la voce un po' di più e lei smamma di nuovo per approdare in altri lidi dove reiterare il suo modus operandi criminale a discapito degli studenti. Non sarebbe neanche male che lei venga poco in classe se quando è presente s'impegnasse e ci coinvolgesse in modo attivo e mirato, solo che è proprio in ciò che è carente. Non s'impegna, non spiega e non ci fa partecipi nel modo più assoluto.

Forse lei si comporterebbe diversamente se le ventilassero davanti la possibilità di un licenziamento in tronco, soprattutto se non è benestante di suo, non ha un bel conto sostanzioso e dovesse sudarsi il pane, come si dice.

"Gli esami non finiscono mai", diceva un attore napoletano e bisognerebbe farne a lei continuamente nonché interpellare anche gli studenti su come lei interagisce con loro o meglio come 'non'.

Il punto principale professore è che lei "non insegna" né spiega assolutamente, ma lei lo sa già perché preferisce passare il tempo a fare l'amore col suo telefono! Cosa di cui sono convinto non sia legale tra l'altro. E le sue materie sono Matematica e Fisica per le quali forse una qualche piccola spiegazione andrebbe fornita ogni tanto. Ci impone capitoli e capitoli del libro da studiare a casa, all'interrogazione ci massacra in modo indegno come pure nelle verifiche e dopo averci dato tre o quattro- solo per variare quando è di luna buona- ha anche il coraggio di chiamarci: "deficienti rompicoglioni e scansafatiche che non andranno mai da nessuna parte né faranno niente di decente nella vita". E lei di persone che non sono capaci di fare niente nella vita è sicuramente un grande esperto.

Lei scrive numeri a suo piacimento al posto dei voti che meritiamo, forse è arrivato a imparare fino al quattro e si ferma lì non conoscendo gli altri che seguono, e io vorrei chiedere che qualcuno, oltre lei, assistesse alle mie, e diciamo pure alle nostre, interrogazioni, per poi valutare se il voto che mi appioppa sia giusto o pregiudizievole. All'ultima verifica ho risolto bene quattro dei cinque problemi che ci ha assegnato, non l'ultimo per mancanza di tempo, e lei mi ha affibbiato un quattro e mezzo - conosce anche il mezzo, hurrà! -. Ho mostrato il compito, che ho fotografato, al professore che mi fa ripetizione per sopperire alle sue lezioni fantasma, e mi ha confermato che era un compito 'minimo' da sei e mezzo, un sette, sette e mezzo ci stava tutto, ma tant'è, comanda lei prof e ci penalizza come crede, nessuno capisce perché.

Lei sa benissimo che sbaglia con il suo approcciarsi durante le lezioni, è al corrente dei reali motivi dei suoi vari trasferimenti, quante le vittime delle sue valutazioni errate lasciate per strada, ma tutto ciò non inficia il suo comportamento né la scalfisce minimamente.

Sa anche che alcuni studenti disperati sono arrivati a compiere gesti insani, sconvolti per non riuscire a fare di più nonostante i loro grandi sforzi. Tuttavia, niente in assoluto cambia il suo atteggiamento e ha anche il coraggio di dirci in faccia ridendo: "sì, lo so dovrei spiegare almeno un po', farvi capire a fondo la materia, discuterne insieme, e allora? Io non ho nessuna voglia di perdere tempo con voi deficienti, tanto cosa possono farmi? Se a voi interessa imparare studiate, datevi da fare per conto vostro, tanto il voto lo do comunque io e sarà sempre lo stesso!"

Cosa le hanno fatto prof per ridurla così o lei è proprio bastardo di suo e il suo interagire con noi è del tutto personale?

Certo io mi sto dando da fare per sopperire non alle mie, bensì, alle sue carenze, faccio ripetizione regolarmente, togliendo soldi ad altre cose e mi chiedo chi non può pagarsi un insegnante extra cosa fa? Io farei pagare tutto dalle sue tasche per l'egoismo e il menefreghismo che dimostra e ha pure il coraggio di ostentare e sbatterci in faccia con una risata. E nonostante i miei genitori sostengano una cifra che non dovrebbero e io sia preparato, alfine, non ho la sicurezza che lei riconoscerà il mio impegno e la mia preparazione, e quelli di altri, per approfondire la materia che lei dovrebbe insegnarci. Sono convinto non ci darà comunque mai la sufficienza né la soddisfazione e presumibilmente ci boccerà tutti. Lei è stato fin troppo chiaro nel farcelo capire. Io almeno avrò la coscienza a posto si potrà dire lo stesso di lei? Domanda del tutto pleonastica da fare a una persona che non ha un briciolo di amor proprio e pieno solo di superficialità. Se avesse avuto un minimo di orgoglio o pensato al bene dei suoi studenti e a insegnare bene non si ritroverebbe a saltare da un istituto all'altro quasi fosse un simpatico gioco. Punizione che lei, pare, non avverta come tale, bensì semplicemente come una trasferta di cambiamento della quale, magari, è anche felice. Posti nuovi, facce nuove da umiliare, chissà che gratificazione! Io mi vergognerei veramente a essere come lei, lei neanche un pochino?

I miei genitori, tra le altre cose mi hanno insegnato una virtù non tanto comune di questi tempi: il rispetto! Il rispetto verso me stesso e nei confronti di tutti in generale, senza alcuna distinzione. Sarebbe una grande cosa se tale virtù fosse lo stimolo, la forza trainante che permeasse la vita di tutti, compresa la sua, invece, lei non ha idea di cosa significhi questo grande concetto e difetta anche in orgoglio. Sa, in definitiva prof, lei oltre che tanta rabbia mi fa tanta pena, perché dovrebbe essere lei quello preposto a educarmi e portarmi a essere un adulto migliore e non è neanche lei adulto né ha niente da insegnare a nessuno, non la sua materia, né altro.

Lei non solo non è adatto a svolgere al meglio il suo importante ruolo di insegnante non ha neanche un minimo di dignità nel farlo neanche per una sua soddisfazione personale almeno in maniera basilare, lei è completamente assente e, secondo me, anche passibile di denuncia. Se pure vi arrivassimo cambierebbe qualcosa, chi ascolta veramente noi ragazzi? In questa società del diritto quando si acquisisce il ruolo si sta in una botte di ferro... e non in una come quella di Attilio Regolo, e si permette di agire come si vuole senza che per questo si abbia timore di incorrere in un licenziamento che talvolta sarebbe sì meritato e forse anche stimolo per un miglioramento.

Sono più che d'accordo con chi vorrebbe avanzare una proposta di legge che impone agli insegnanti una profonda valutazione annuale della loro idoneità psicofisica-attitudinale-caratteriale sulla quale basare il rinnovo del proprio contratto. Ritengo sia errato essere di ruolo a vita dando la possibilità di fare tanti danni sia in questa sia in altre professioni. Chi è meritevole passi chi non lo è stia a casa direi, ma in questo paese la meritocrazia è misconosciuta, purtroppo è noto che spesso vengono premiati e osannati proprio quelli che si comportano peggio.

Sa, lei mi ricorda quella massa di persone senza nessun talento che per una sciocchezza diventa famosa e ricca. Aveva ragione Bukowski: facciamo parte di un mondo dove le masse trasformano i cretini in eroi di successo, lei magari si crede proprio un eroe vero?

Tornando all'esame… Chi è consapevole del proprio valore, della propria competenza, preparazione e passione ed è ragionevolmente certo di comportarsi con correttezza non avrà nessun timore di sottostare a tale obbligo ogni anno e lei prof? Forse il suo grande ego la convince che non sarebbe un problema, chissà.

Io sono contro la violenza fisica e a ogni violenza in generale per risolvere i problemi, ma non si sorprenda se non tutti seguiranno il filo della non violenza e prima o poi si troverà con un occhio nero o peggio.

Sa come si dice: "chi cerca trova".

Tutti siamo meritevoli di una seconda opportunità: "non so se lei mi ha capito!"

A me non importa poi tanto se lei se la prende con me perché nella vita ci sarà sempre qualcuno: un insegnante, un allenatore, un capoufficio, un dirigente, un collega, chiunque, che si crederà in diritto di alzare la voce contro di noi e tentare di sopraffarci in modo ingiusto, eppure la cosa più importante sarà la nostra reazione a cambiare lo stato delle cose. È come si reagisce alle ingiustizie che determina chi noi vogliamo essere, ecco perché io vado dritto nella mia strada cercando di fare la cosa migliore per me e per gli altri e trovando in libertà ciò che voglio essere. Svilupperò i miei punti di forza e il mio potenziale senza soffermarmi a pensare che lei vorrebbe tarparmi le ali con il suo comportamento, o cerca di farmi credere che non sono bravo abbastanza quando in realtà è lei a non esserlo. Io penso con il mio cervello, so ciò che valgo e so che nessuno può definire chi siamo né decidere per noi o per il nostro futuro. Ciononostante, penso che sia anche importante che un insegnante creda in noi, obiettivamente; la gratificazione un po' aiuta, ma nella vita ci sarà sempre qualcuno che si girerà dall'altra parte per non vedere alcune priorità negli altri. Tuttavia, non ci deve fermare, basta che le cose siano ben chiare a noi, che crediamo in noi stessi e prima o poi la gratificazione arriverà. Come nelle favole che abbiamo letto da bambini i draghi si possono annientare, basta volerlo, perché quelle storie non ci hanno raccontato che i draghi esistono - lo sapevamo già- ci hanno insegnato solo che si possono combattere e vincere sta a noi saperlo fare e capire anche che stare rinchiusi nella torre, benché spesso sia più sicuro non ci deve fermare dall'uscire, dal volare in alto con le nostre ali e intuire che è molto più bello vedere, combattere e affrontare la vita, con tutte le sue sfaccettature belle e brutte, invece che stare nascosti.

P.S. Sono stato chiamato da lei alla lavagna a svolgere degli esercizi, prof: per iniziare ho fatto una correzione su uno di quelli svolti da lei, fatto rarissimo, e poi ho eseguito bene tutto ciò che mi ha assegnato. Cosa mi sono sentito dire?

"Oh, ma allora sei bravo Antonio, come mai hai quel voto?"

Prende in giro? No commenti!

Come si dice a Roma: "Se non sono strani...non li vogliamo."

Ah, sono Antonio Luciani, prof, la saluto.

Io sono una mamma e mia figlia non è più una studentessa da molti anni ormai, vorrei solo, se ce ne fosse bisogno, riferire un episodio per rimarcare ciò che una madre non farebbe per i suoi figli sempre, e soprattutto quando sono in difficoltà. Non dovrebbe essere molto diverso tra una docente e i suoi studenti, che dovrebbe considerare tutti come figli suoi, eppure molto la maggior parte delle volte non è così. Con la scusa di insegnare invece alcuni tirano fuori il peggio di loro e riversano sugli studenti le frustrazioni e i lati peggiori del loro carattere, impunemente quasi sempre, senza pensare alle conseguenze, quasi fosse giusto vessare i ragazzi che gli sono stati affidati.

Mi riferisco solo a un episodio capitato quando Darma, la mia ragazza, frequentava il liceo classico. Iniziato benissimo, con tanta volontà e gioia perché molto portata per un simile indirizzo di studi, nel resto del percorso gli anni sono stati per lei più che tremendi a causa di una professoressa non del tutto sana di mente che si divertiva a terrorizzare tutti in aula e sarebbe stata da denuncia e arresto e non esagero. Portare mia figlia e altre ragazze/i alla depressione e al rifiuto della scuola non è indice di buon insegnamento e sarebbe stato il caso di intervenire per allontanarla, come minimo. Non solo ha sulla coscienza diversi abbandoni, depressioni bensì persino alcuni tentativi di suicidio da parte dei "suoi" ragazzi. Se affermo che non era sana di mente non è per modo di dire, effettivamente la donna non stava bene mentalmente e se solo raccontassi tutto ciò che faceva in classe agli studenti ci vorrebbe un libro a parte e vado oltre.

Darma era - ed è - molto intelligente e volenterosa, bravissima a scuola e aveva bei voti in ogni materia anche in quelle dell'insegnante in questione - latino, italiano e greco-, ma arrivava ad averli a un prezzo altissimo. Doveva essere preparata ogni giorno perché correva il rischio di essere interrogata ogni giorno. Non poteva mai rilassarsi con conseguente enorme stress psicologico e anche fisico, dal momento che per studiare anche le altre materie faceva mezzanotte e talvolta l'una e alle sei si doveva alzare. Per lei non esistevano feste, passeggiate con le amiche, ore rilassanti, stava male, era nervosa, mangiava poco, non usciva mai e l'unica sua preoccupazione era studiare e il terrore di essere chiamata dalla tizia era sempre presente e fagocitava tutto. Ci teneva a essere pronta in tutto e non era sua intenzione andare a scuola per perdere tempo, non lo aveva mai fatto ed era molto matura e consapevole per la sua età. Il ginnasio è stato un percorso durissimo, tuttavia l'ha superato piuttosto bene, poi in prima ha cominciato ad avere segni di cedimento psicofisico e un'iniziale forma di depressione che si è conclamata in seconda e nonostante i bei voti è stata bocciata per le troppe assenze e ciò non le è stato di aiuto. Abbiamo valutato insieme se fosse il caso di cambiare istituto per evitare le grinfie della pazza e studiare con più tranquillità, però, alla fine ha concluso che era meglio evitare. Comunque si sarebbe portata appresso sia la bocciatura sia la valutazione, forse, negativa della professoressa, sarebbe sembrato uno scappare e le sembrava un brutto biglietto da visita che voleva evitare. Decise così di insistere per la sua strada, malgrado tutto anche perché non era un tipo che scappava dalle situazioni e inoltre era sicura di farcela. In terza non stava meglio e addirittura era preda di continue crisi di pianto e di panico e certi giorni si rifiutava di andare a scuola perché pur ripassando con me, e io fossi consapevole di quanto fosse preparata, lei non si sentiva pronta e aveva un vero, puro terrore della professoressa in questione e di essere interrogata cosciente quanto sarebbe stata tartassata. Non voglio dare l'impressione fosse una ragazza debole perché era proprio il contrario e lo ha dimostrato andando fino in fondo e, inoltre, non era solo lei a vivere quei momenti di panico, bensì diverse altre ragazze/i versavano nella stessa situazione. Due di loro avevano cambiato istituto proprio perché arrivati al limite. Le tante lamentele dei genitori non sono servite a niente perché la docente era moglie di un potente politico e a scuola contava più di tutti, perciò, poteva permettersi di tiranneggiare a suo piacimento chi voleva, anche il preside che non osava dire una mezza parola contro di lei, figuriamoci agire praticamente, come avrebbe dovuto. Va da sé che le tante ingiustizie, tantissime anzi, che perpetrava ai danni dei ragazzi, restavano impunite e non è concepibile.

Ancora mi chiedo perché, esistano certe situazioni, perché in un luogo che dovrebbe essere la culla del sapere, della civiltà, della cura delle menti, il ritrovo delle migliori menti il cui compito sarebbe formare i nostri ragazzi per il futuro finisca, a causa della presenza di alcuni soggetti, per essere un posto di terrore e disagi di vario genere proprio per i ragazzi che vi vengono accolti. Incomprensibile perché invece di attirare respingano, invece che far prevalere la gioia d'imparare e la calma si finisce per dar spazio alla paura e all'inquietudine. Un luogo dove chi dovrebbe guidare libera i peggiori istinti del proprio disagiato carattere mettendo a repentaglio i ragazzi che dovrebbe considerare come dei figli. Il sistema scolastico non controlla e non tutela chi dovrebbe curare e difendere e talvolta andare a scuola è peggio che trovarsi in trincea, dove il nemico è proprio colui che dovrebbe essere dalla parte dei ragazzi e preposto a forgiare menti e caratteri. Mi chiedo perché si permette a certi soggetti di fare del male impunemente, talvolta rovinare il futuro, il carattere, la mente e il fisico dei nostri figli e non ci siano dei limiti da non travalicare a prescindere da chi sia che li infrange, perché il diritto esiste solo per i docenti mentre gli studenti devono sottostare a qualsiasi maltrattamento soprattutto a livello psicologico e debbano sempre soccombere di fronte alle ingiustizie, anche se acclarate. Sembra quasi che diventare docenti di ruolo metta tutti, persone in gamba e no, in una situazione che ammanta di diritti ogni azione, che abbiano l'autorizzazione a comportarsi dove li porta il loro carattere dimenticando il precipuo dovere che è quello di pensare a forgiare le donne e gli uomini del domani e che la severità non va confusa con l'ingiustizia. Annoso problema che non avrà mai soluzione secondo me, finché si ha a che fare talvolta con insegnanti che sono più immaturi dei ragazzi che devono maturare e che non li vedono nella loro interezza, bensì solo come persone da perseguitare senza fermarsi un attimo a pensare al vero scopo della loro missione.

Ricordo che il giorno in cui io sono intervenuta Darma doveva essere assolutamente presente in aula perché la professoressa le aveva programmato un'interrogazione ed era stata categorica: se non si fosse presentata non l'avrebbe ammessa all'esame di maturità. Ero andata a parlare con l'insegnante la settimana prima ed era risoluta a non ammetterla. Ho avvertito un'evidente avversione verso la ragazza, secondo me non motivata da evidenze reali ma solo da antipatie che non dovrebbero esistere in una valutazione seria. Dopo aver parlato, infine, e aver cercato e trovato, stranamente, un terreno comune da mamma a mamma e insegnante, la donna si era ammorbidita. Chiamò anche le altre professoresse, e furono d'accordo a dare una possibilità a Darma, perché secondo loro era meritevole. Tuttavia, aveva asserito la pazza, che comunque avrebbe dovuto verificare se veramente la ragazza era pronta. Come se lei non lo sapesse visto che non faceva altro che spremerla come un agrume e tartassarla. L'aveva già interrogata, comunque non era ancora soddisfatta e aveva programmato quell'ultima interrogazione generale pre-ammissione che però per Darma si sovrapponeva ad altre lo stesso giorno. Non poteva mancare, però, e inoltre, era d'obbligo essere più che preparata. Lo era, ma come al solito molto intimorita e convinta che davanti a lei non avrebbe spiccicato parola e convinta che non l'avrebbe ammessa comunque. Ho fatto di tutto per tranquillizzarla, spronarla e infine l'ho convinta ad andare e stare calma, promettendole che sarebbe andato tutto bene, senza spiegarle che cosa avevo in mente. Entrò in classe, mi disse poi al rientro, con la morte nel cuore e il viso triste come se desse addio a tutte le sue speranze di maturità.

L'insegnante iniziava la sua ora alle 10,30 e io un minuto dopo ho chiamato in segreteria inventandomi, non scendo nei particolari, una fantomatica urgenza. Darma al ritorno, molto sollevata e con il viso rischiarato, mi ha riferito che era successa una cosa piuttosto strana: appena la sua prof era entrata in aula era stata seguita dalla bidella e dopo aver scambiato alcune parole era impallidita ed era uscita di corsa sconvolta e non era più rientrata per le interrogazioni. Non solo lei, ma anche parecchi altri studenti avevano tirato un sospiro di sollievo e gridato al miracolo. Solo molto, molto tempo dopo ho raccontato a mia figlia che cosa effettivamente fosse successo: era rimasta incredula e divertita. Darma, infine, è stata ammessa senza più penare, all'esame ha dimostrato il suo valore ricevendo i complimenti di tutti, commissione e compagni, e ha continuato la sua strada più leggera, però portandosi ancora appresso quel timore di affrontare le novità e gli esami anche se si intuiva preparatissima. Non ha superato subito il periodo tremendo che ha vissuto a causa della donna, ma pian piano ne è venuta fuori, ha imparato ad affrontare e superare tutto con la sua determinazione e con il suo talento.

Se mi sono pentita di ciò che ho fatto? So che non è stata una bella azione, ma no, assolutamente non sono pentita, per i figli si fa ben altro, soprattutto in presenza di ingiustizie, io non ho ammazzato nessuno, non ho minacciato né perpetrato un reato e far correre via la tizia e far saltare una lezione è stata ben poca cosa, anche se è servito moltissimo per dare un attimo di respiro a mia figlia, e a tutti gli altri, e farla tornare il lunedì seguente più tranquilla e sicura di sé. Ancora, però, mi chiedo perché gli studenti a ogni livello, non possano affrontare un periodo tanto importante della loro vita con più, serenità e spensieratezza. Viverlo con ottimismo senza incertezze e timori e soprattutto ricordalo con gioia e nostalgia, come un tempo che sarebbero felici anche di rivivere. Forse è così per qualcuno ma non per tutti mentre dovrebbe ragionevolmente essere così per ogni studente. Non dovrebbe essere anche una priorità degli insegnanti far che sia così? E allora perché molti "s'impegnano" perché non lo sia e danno il peggio di sé instaurando periodi di terrore nelle loro aule? Severità non dovrebbe sovrapporsi a ingiustizia, a paura, ansia, incompetenza, cattiveria e poca obiettività. Certo, un simile comportamento a prescindere dalla bravura didattica del docente secondo me diventa e rientra nell'incompetenza. Gli studenti non dovrebbero trovare anche comprensione, coinvolgimento e accoglienza? L'aula non dovrebbe essere una piazza di scambio dove regna prima di tutto il rispetto e i diritti per tutti? Una laurea non dovrebbe dare il potere di umiliare e terrorizzare gli studenti. Insegnare è ben altro.

"L'arpia" era soprannominata in tutto l'istituto la professoressa, perché era di una perfidia infinita e umiliava e massacrava tutti se solo osavano sbagliare una virgola e non per modo di dire. Insegnare bene secondo me non significa solo dare sapere ai propri studenti, bensì arrivare anche al loro cuore, far amare le discipline, approfondire la materia in modo immersivo, anche coinvolgendoli e portandoli ad amarla non apprenderla in uno stato di continuo terrore. Non è importante insegnare anche a superare le difficoltà, a gestire le ansie, le emotività?

È così difficile capire che in un ambiente sereno il cervello lavora e apprende meglio e immagazzina più facilmente?

Per lei non era così, lei, se fosse stato possibile avrebbe aperto in due la testa dei suoi studenti per infilarci le sue lezioni per farle capire nella maniera in cui voleva e pensava, assurdo, di essere pure un'ottima insegnante, perché sapeva tantissime nozioni, era molto istruita, mentre il suo quoziente di empatia e comprensione erano pari a zero.

Perché è così difficile pensare a un metodo di insegnamento rispettoso dei diritti di tutti, privo di imposizioni assurde e più olistico nel vero senso della parola?

Un metodo più umano, empatico dove è importante la lezione, ma al contempo anche lo studente e la sua personalità, la sua unicità e i suoi sentimenti.

Penso solo io che la scuola dovrebbe essere un luogo dove ci si debba sentire accolti, voluti, accettati e anche amati non per quello che si può dare bensì, ancor prima per quello che si è? che in un ambiente più sereno e tranquillo si va più volentieri, si apprende più facilmente e si può anche sognare, piuttosto che essere obbligati a vivere sotto un impaurito clima tetro che alcuni docenti instaurano e forse neanche loro intuiscono il motivo?

Non vado oltre e non perché non ci sia altro da dire, perché invece ce ne sarebbe troppo e mi chiedo ancora perché certe persone abbiano il diritto di fare ciò che vogliono ai "loro" studenti e nessuno intervenga a fermarle prima che sia tardi.

I professori, giustamente, sono tutelati, ma dov'è la tutela per i nostri ragazzi?

Perché non devono essere il primo pensiero dei docenti, non solo per imprimere nella mente un segno di sapere, bensì anche per aiutarli nel loro spinoso cammino verso una maturità che spesso sono i primi a compromettere con i loro esempi carichi d'ingiustizie e anche di cattiverie.

Virgi

Io sono Shaheen e piango il mio bambino di quasi sedici anni che non c'è più. Lui 'forse' era un ragazzo fragile e timido in un mondo dove se non sei forte soccombi, e 'forse' noi non siamo stati all'altezza di fargli intuire quanto eravamo fieri di lui, il suo valore e i suoi grandi talenti per farlo sopravvivere. Il nostro ragazzo, ancora forse, non aveva un carattere coraggioso, non come gli sarebbe servito in un mondo duro e severo, non era sfrontato, non gli scivolava tutto addosso, era fin troppo sensibile e prendeva ogni cosa molto, troppo, seriamente. Era anche intelligentissimo, pieno di voglia di vivere e tanto altruista. Il suo grande desiderio, infatti, era diventare un neurochirurgo infantile e tornare nella sua terra, il Bangladesh, che non aveva mai visto e mai vedrà, con i MSF per aiutare i bambini malati bisognosi. Per realizzare questo suo desiderio studiava sodo, anche troppo e seriamente. Ora a causa sua non potrà aiutare più nessuno.

Suo padre e io siamo sommersi dai sensi di colpa per non aver percepito i problemi che sicuramente c'erano, non averli intuiti nella loro serietà e importanza e non li abbiamo trattati come sarebbe stato necessario. Che cosa non abbiamo fatto per capirlo? Che cosa ci è sfuggito? Eppure, parlavamo con lui, era libero di affrontare qualsiasi argomento con noi.

Lui ci teneva in modo particolare a non farci preoccupare e si premurava di nasconderci i suoi dispiaceri, i suoi disagi che raramente palesava, forse ciò è stato determinante. Si confrontava con noi, dialogava, rideva, sembrava sereno, ci faceva credere che tutto andava bene e fosse contento di tutto. Aveva sì un carattere poco espansivo, un po' introverso e anche troppo serio per la sua età. Preferiva, talvolta, stare in solitudine e studiare piuttosto che uscire con gli amici ogni giorno o parlare con noi più del necessario. Comunque, era del tutto normalissimo e, serio non significa chiuso, o che stesse male con il mondo. Programmava in modo molto maturo le sue uscite con gli amici senza esagerare, era un ragazzo come tanti, gli piaceva la musica, andare a ballare e al mare qualche volta e in molti gli volevano bene. Non siamo mai stati genitori assenti in nessun senso, eppure ancora ci chiediamo continuamente se il nostro ragazzo ci avesse inviato dei segnali che non siamo stati in grado di vedere. C'è sempre un dubbio di fondo se avesse un disagio vero che ci ha nascosto, se noi non avessimo potuto comportarci in modo diverso per non arrivare a quel tragico epilogo. Ormai nulla può cambiare le cose e il nostro dolore non potrà essere lenito in alcuna maniera.

"Ognuno è fatto a modo suo e bisogna rispettarlo, ci ripeteva continuamente un nostro amico medico, è solo un ragazzo impegnato con la testa sulle spalle che desidera solo realizzarsi, quando sarà il momento si aprirà spontaneamente, capirà che c'è altro oltre lo studio, non costringetelo a fare niente che non gradisce, capisce da solo cosa è meglio per lui e quando farlo. Stategli vicino con affetto senza soffocarlo, soffrirà più degli altri perché ha paura di non integrarsi o di non essere accettato del tutto, anche se è nato qui e perché è molto sensibile, tuttavia, non mi sembra un problema esistente. Comunque, non c'è niente di cui preoccuparsi. La cosa migliore che potete dargli è la sua libertà."

E noi gliela davamo. Lui 'era' libero, di mente e nel corpo, proprio perché la libertà a noi era stata negata capivamo la sua importanza, e non l'abbiamo privata a lui a livello sociale, personale e mentale. Siamo scappati proprio perché i nostri figli potessero nascere in un paese libero, senza restrizioni, liberi di essere e di fare ciò che ritenevano giusto.

Era integrato invece, secondo noi, non aveva problemi in società e aveva amici di varie nazionalità ed etnie con i quali usciva e si divertiva, anche se non quanto avrebbe dovuto, per la sua età, perché lo studio e il realizzarsi professionalmente un giorno, veniva prima di ogni altra cosa per lui e i professori, tutti, erano contenti del suo andamento scolastico.

Parlare, ridere, uscire era solo una sua decisione, tuttavia, penso che qualcosa d'importante ci sia sfuggito o abbiamo sottovalutato e non ce lo perdoneremo mai.

Un giorno, però, al ritorno da scuola, appena entrato ha buttato lo zaino nell'ingresso e si è rifugiato in camera sua. Singhiozzava con la faccia premuta contro il cuscino. Non lo aveva mai fatto e ci ha sorpreso.

"Quell'incapace, mi ha dato solo sei e io ho risposto a ogni domanda che mi ha fatto e anche in modo esaustivo. Lo ha fatto apposta perché mi odia, mi ha lanciato contro il quaderno davanti a tutti dicendo che me ne sto sempre in ozio, con la testa tra le nuvole e che non studio a sufficienza e con quel sei è stato fin troppo generoso. Ha detto anche che "quelli come me" sono tutti uguali, non hanno voglia di lavorare e sarebbero dovuti restare tra le pecore alle quali somigliamo. Pelandrone mi ha chiamato. Cosa diavolo significa "quelli come me", come si permette!?"

Sono rimasta basita, mai nessuno lo aveva trattato così, offeso anzi, per via delle sue origini. Ho cercato di calmarlo e consolarlo, minimizzando l'episodio assicurandolo che presumibilmente il professore aveva avuto una brutta giornata che non si sarebbe ripetuta e incoraggiandolo per una prossima volta, quando gli avrebbe dimostrato che si era sbagliato e quanto fosse in gamba.

"No, non è così, mamma, lui ce l'ha con me, non è la prima volta che mi dà contro, solo che oggi ha davvero esagerato. È stato cattivo di proposito. Si sono messi a ridere quasi tutti, capisci mamma, anche... anche Rossella... ed io

mi sono vergognato, mi sono sentito morire, come se avesse ragione lui e invece so che sbaglia. Io sono italiano come loro o no, perché si permette di trattarmi così? Di paragonarmi a un animale? E poi io mi applico, non sono un pelandrone, lo sanno tutti. Però pure loro hanno riso, hanno riso di me… anche…"
Quello che più lo aveva colpito non era stato tanto il voto minimo per un massimo impegno o le offese razziste quanto l'umiliazione gratuita, il fatto che Rossella, la sua ragazza speciale, aveva riso, forse senza malizia, solo che lui era rimasto mortificato, anzi, peggio. Per lui, lei, era tutto, presente, futuro, sogni, affetto. Ho cercato di tirarlo su e incoraggiarlo facendogli capire che non aveva niente di cui vergognarsi e che era italiano come tutti i suoi amici e i professori e che sicuramente nessuno e tanto meno la ragazza intendevano ridere di lui in modo cattivo.
Si era rasserenato un po'. Sono successi altri episodi simili e noi lo abbiamo sempre rincuorato e consolato, spiegandogli quanto lui fosse in gamba, che non doveva sentirsi diverso o sminuito per via del colore un po' più scuro della sua pelle. D'altronde tutti hanno le loro opinioni e doveva essere forte e coraggioso e

affrontare il mondo con orgoglio, ci sarebbe stato sempre qualcuno inferiore a lui che intendesse metterlo in difficoltà. Avrebbe solo dovuto imparare ad accettare le diverse opinioni, non far caso a ogni parola negativa perché gli stupidi, purtroppo fanno parte anche loro della società, ma lui sarebbe dovuto andare per la sua strada a testa alta dimostrando il suo talento. Con il tempo tutto sarebbe passato e la maggioranza lo avrebbe sempre accettato per quello che era, per la sua bontà e la sua intelligenza.

Abbiamo chiesto un colloquio e parlato con lei professore ed è rimasto sorpreso per le reazioni del ragazzo che ha definito esagerate per parole del tutto scherzose dette in un contesto leggero, confermandoci che lo reputava un bravo studente, molto portato e intelligente. In seguito, le cose sembrarono migliorare, così ci disse nostro figlio e lo dimostrò tornando a sorridere come un tempo, ci convinse di aver ritrovato la serenità e superato il brutto periodo. Era persino più coinvolto con noi e con gli amici, anche se studiava sempre tanto usciva di più. Ci eravamo quasi tranquillizzati e convinti che fosse stata solamente una crisi passeggera, superata con la sua forza di volontà.

Fino a quel giorno che ho aspettato invano; il giorno più tremendo della nostra vita, il giorno che dalla scuola non è tornato a casa e l'hanno trovato ai piedi del ponte dal quale si era gettato e ho ricevuto la visita di due carabiniere.

Siamo stati ciechi e non abbiamo saputo vedere dentro di lui. Non aveva superato niente, bensì, solamente nascosto molto bene a noi la sua sofferenza e noi ci siamo adagiati sulle sue parole tranquillizzanti senza indagare più a fondo il suo stato d'animo e se realmente stesse meglio. Non stava meglio, ogni suo giorno era stato un incubo tremendo, era lentamente scivolato in una china che lui non era riuscito a contrastare e dentro di sé soffriva, infine non è riuscito ad andare oltre e si è arreso. Perché ci ha escluso e non si è rivolto a noi, non si è confidato come sempre, perché ha voluto combattere da solo la sua battaglia fino a perdere la guerra con sé stesso? E noi perché siamo stati così ciechi e lei così perfido? Sì, perché la causa maggiore del suo gesto è stato lei egregio professore, anche se con noi al colloquio ha finto di ammirare nostro figlio.

Lei ha il cuore più nero e più insensibile che io abbia mai intuito in un essere umano, nonostante sia un padre.

Gli amici ci hanno detto in seguito che "quel" professore, lei, dall'inizio dell'anno si era divertito a umiliarlo ogni volta che poteva con frasi sibilline, insulti generalizzati e ovviamente rivolti a lui e in seguito anche molto espliciti verso nostro figlio. Frasi che andavano oltre lo scherzo e la cattiveria, frasi perfide, rivolte alla sua abbronzatura, alle sue origini, alla sua pretesa inciviltà, al suo discendere da animali. Ci è stato riferito che aveva una lunga quanto fantasiosa lista di offese, coniate apposta per lui, che spaziavano in più campi. Ironizzava, con il sorriso sulle labbra, accennando che fosse un barbaro, insistendo che sarebbe dovuto restare nella sua terra sulle montagne con gli animali, luoghi più adatti a lui e al suo cervello piccolo e altre tremende frasi che gli amici non si sono sentiti di ripetermi. Negli ultimi mesi, mi dissero ancora, lo aveva interrogato quasi ogni giorno: "massacrato" è la parola che hanno usato loro. Tutto ciò nella speranza di trovarlo impreparato e poterlo perseguitare ancor più e quella tragica mattina con un sorrisetto perfido gli aveva detto: "vai a posto, straniero, non hai un cervello alla nostra altezza, ti meriti solo un quattro, sei solo un minorato nero e non capisco con che coraggio occupi un posto qua in mezzo alla civiltà."

Tutti ne erano rimasti sconvolti e lui era scappato di corsa prima che gli amici e Rossella potessero avvicinarlo per consolarlo e dargli sostegno.

Perché professore aveva preso di mira il nostro splendido bambino? Perché voleva diventare un artefice del suo cammino e aiutare il prossimo senza distinzioni, perché più meticoloso, serio e impegnato degli altri? Perché si era prefissato un grande obiettivo e lo avrebbe sicuramento raggiunto nonostante lei lo definisse un ritardato e un barbaro incivile? Forse perché vicino a lui, nonostante fosse un ragazzino un po' scuro, lei si è sentito in un gradino inferiore, e aveva capito che la sua mente avrebbe raggiunto vette che lei non poteva neanche sognare? Perché era più intelligente di lei e sarebbe riuscito nel suo desiderio mentre lei con tutte le sue arie sarebbe rimasto solo un misero, piccolo insegnante fallito e incapace di dar vita al suo presente e senza un vero futuro che si divertiva a perseguitare un ragazzo? Per invidia?

Il nostro ragazzo sarebbe diventato grande e importante molto più di lei e ci teneva tanto a essere come tutti, anzi meglio, studiando di più, impegnandosi al massimo, non ha mai chiesto sconti in niente e a nessuno e chiedeva solo che gli fosse riconosciuta la sua preparazione. Era animato dalla speranza che potesse riuscire e a ottenere tutto come persona, se solo si fosse impegnato ed era convinto di farcela. Sapeva di non poter aver regali e avrebbe dovuto impegnarsi il doppio dei suoi amici, cosiddetti bianchi, per raggiungere i suoi scopi. Non aveva previsto nella sua strada un incivile intollerante come lei, che con la sua nullità è però riuscito a ledere il suo coraggio, la sua dignità e minare la sua autostima.

Ce l'aveva con lui perché ci teneva a prendere sempre bei voti e ci riusciva in tutte le materie, meno che nella sua e non perché non fosse pronto. Lei non lo ha ritenuto un obiettivo di profilo abbastanza alto per gratificarlo come necessario, da vederlo per quello che era, senza pregiudizi, incoraggiarlo e ammirarlo. Lo aveva preso di mira a causa nostra, perché nonostante la nostra provenienza siamo persone affermate, forse più di quanto lei non sarà mai. Perché noi siamo più scuri o solo perché è lei ad avere un animo più scuro ancora e i suoi occhi ciechi? Noi siamo persone per bene, siamo nati in Bangladesh certo, e stiamo in Italia da venticinque anni, siamo civili, istruiti, occupiamo dei posti importanti non siamo dei criminali o barbari, 'nonostante' la nostra abbronzatura e la nostra provenienza e abbiamo tanti amici italiani che ci amano, ci rispettano e rispettiamo. Il nostro ragazzo era un normalissimo ragazzo come i suoi amici non un selvaggio, con gli stessi sentimenti e le speranze di tutti e lei lo ha portato a frantumarli, ad annientare la sua vita. I suoi pregiudizi sono barbari e incivili, professore, non il mio bambino, la sua mente è piccola confronto a quella di nostro figlio, 'lei' al suo confronto è un'inezia.

Non è stato al suo funerale 'professore', se si fosse disturbato ad andarci avrebbe visto la folla immane andata a salutarlo, le belle parole spese per lui e le lacrime di tante persone, adulti e ragazzi che gli si sono stretti attorno per dimostrargli un'ultima volta quanto gli volevano bene. Perché lo avevano conosciuto per quello che c'era nel suo cuore. Ha un certo valore tutto ciò o no? Solo per lei il mio bellissimo, intelligente, volenteroso e rispettoso bambino era quasi meno di un animale?

Forse la sua mente era più fragile, più sensibile, più toccata dalla cattiveria e allora non sarebbe stato questo un motivo valido per attenzionarlo, sostenerlo e capirlo di più invece di umiliarlo continuamente davanti a tutti e farlo sentire indesiderato e odiato? Perché non riconoscergli il suo talento e il suo valore al di là del suo colore? Chi le dà il diritto di mortificare, di schernire i ragazzi, umiliarli qualsiasi sia il motivo? Anzi non può esserci mai nessun motivo valido nel perseguitare un ragazzo. Lei non ha mai capito quanto la vostra approvazione fosse importante per lui, quanto avesse bisogno di essere trattato e valutato giustamente alla pari degli altri e questo la definisce nel profondo non è così? Era così difficile mettersi talvolta nei suoi panni invece di osteggiarlo e portarlo a fare ciò che ha fatto perché convinto di non avere speranze in questo mondo "civile" dove alcuni dei suoi rappresentanti non sono stati capaci di accoglierlo per ciò che era e aveva nel cuore?

Solo un bambino più scuro, volenteroso, generoso e sorridente, sensibile e intelligente, nato in Italia da genitori che hanno dovuto lasciare tanti anni fa il proprio mondo falcidiato dalla guerra, tuttavia senza dubbio molto più umani e civili di lei, caro professore.

Sappia che colore della pelle non è un privilegio, è il colore dell'anima che ci distingue e fa di noi delle persone per bene e in gamba e che i pregiudizi come le parole possono uccidere.

Io non la perdono professore, non perdono neanche me stessa per non essere stata capace di difendere mio figlio da persone insensibili con la mente ottusa come lei. Siamo venuti in un paese civile per scappare all'inciviltà e abbiamo scoperto che invece sta ovunque, anche dietro una faccia bianca come la sua e dietro il suo sapere che non corrisponde a una mente aperta e tollerante. Mi auguro comunque lei sia l'eccezione che conferma la regola, e sono sicura che sia così, e ringrazio questo paese che ci ha dato tanto, a toglierci tanto è stato solo lei.

Shaheen, mamma di <u>Sohel</u> - per noi -, Samuel per i tanti amici.

***

Il mio piccolo Edo è il bambino più sereno e solare che esista. È spontaneo, per niente intimidito dagli adulti o dalle situazioni, con il sorriso pronto e gli occhi più sorridenti ancora, non ha mai avuto problemi di relazione con nessuno. È anche molto intuitivo e piuttosto selettivo nella scelta degli amici, nonché tanto sensibile. Un bambino normale, felice e gioioso sempre e con tutti insomma, eppure ora devo accompagnarlo una volta alla settimana dalla psicologa. Come mai? Presto spiegato.

Oltre ciò riferito poco sopra Edo è anche un bambino molto intelligente, più maturo dei suoi otto anni, curiosissimo del mondo e di conseguenza assorbe ogni stimolo e nozione con molta facilità, come una spugna l'acqua, e impara senza sforzo quanto vede e sente ovunque. È pure un bambino molto vivace come molti e da qui sono iniziati i suoi e i nostri problemi, che presumibilmente non sono solo suoi, ma condivisibili con tanti altri bimbi in un mondo sempre più permeato di continui stimoli.

"Iperattivo", lo hanno etichettato le sue maestre in prima elementare e ormai questo temine non indica più solo un bambino sveglio e vivace. Spesso si vuole additare con tale aggettivo quasi un bambino anormale da curare e correggere, dando al termine una connotazione quasi negativa.

Edo era vivace anche quando frequentava la scuola materna, però, il carattere e la sua esuberanza la sua maestra di allora riusciva a gestirli piuttosto bene. Non è stato così al momento del grande salto verso le elementari e qui presumibilmente ha influito anche il carattere molto intransigente e rigido delle maestre. Io parlo di una in particolare che, con la sua cecità, la sua poca pazienza e, secondo me, anche la sua non idonea preparazione nell'affrontare bambini con forti personalità e non tutti malleabili né facili da mettere in riga, come forse lei avrebbe desiderato, ha dato il via al tutto. Potendo sono sicura che avrebbe scelto al posto dei bimbi solo dei bambolotti intercambiabili, con il tasto on-off da usare a piacimento, zitti e ubbidienti e non dei bambini con un proprio estro e un cervello pensante, aperti e svegli, come sono i bambini d'oggi.

Il mio Edo si è trovato in una classe con bambini intelligenti, non con bambolotti, ciononostante poco tempo dopo si è sentito inadeguato e annoiato. È stato presto evidente che lui era più preparato, intellettualmente, degli altri piccoli: in prima capita spesso che non tutti siano allo stesso livello, perché magari all'asilo non apprendono in egual modo, non lo fanno contemporaneamente o le maestre usano metodi diversi e li stimolano in modi differenti. Questa maggiore preparazione di Edo non è stata accettata o apprezzata dalle maestre per quello che era, anzi, è stata travisata e cercato di bloccarla e fatta ritorcere addirittura contro di lui lungi dal pensare di coltivare adeguatamente i suoi talenti e la sua voglia di imparare. Inoltre, le maestre non hanno lavorato pensando al primario benessere del bambino come avrebbero dovuto, ma hanno iniziato un cammino volto esclusivamente per la loro tranquillità.

Da subito, dunque, Edo non è stato seguito come sarebbe stato logico, nessuna di loro si è premurata di capire come estrapolare e sfruttare al meglio ciò che Edo sapeva, usarlo per lui e magari anche per stimolare gli altri bimbi in una realtà condivisa, oppure dargli ciò di cui aveva più bisogno. È stata notata soltanto la sua iperattività, senza analizzarla a fondo e, inoltre, vista come un lato negativo e fastidioso, da sedare, non da osservare, valutare, coltivare e incanalare verso qualcosa di costruttivo. Certamente non è stata vista come un lato che faceva parte della sua personalità, tanto meno come un'opportunità da far virare in positivo e migliorare. Nessuna di loro ha tentato di prenderlo per mano, parlargli, capirlo, leggerlo a fondo, nessuna ha cercato di arrivare alla sua mente per esplorarla e instradarla nel modo migliore, nessuna ha cercato di intuire che cosa Edo volesse dire attraverso la sua vivacità e se potessero dare, loro, qualcosa in più. Nessuna si è premurata di notare le sue peculiarità né gli ha aperto il cuore o curato il fuoco che ardeva, intuendo che aveva bisogno di più spazio e non andava certo spento. Loro hanno tentato di fare questo, spegnere un fuoco che ardeva invece di incanalarlo e aiutarlo.

Nessuna era intenzionata a usare in modi differenti, o di più, il suo tempo prezioso, per andargli incontro.

Il rapporto con tutti i bimbi era basato solo sulla fretta, sulla freddezza e sulla superficialità, della serie: "non fai ciò che dico? Non ubbidisci? Non sei normale! Sei da punire! Ti metto una nota sul diario." Tutto doveva girare come avevano impostato il lavoro e nei loro tempi e in caso contrario le note erano la loro arma.

Il sunto è che le maestre non sono state capaci - o non hanno voluto - di andare oltre il loro naso e osservare prima di tutto con la mente e con il cuore i bisogni di Edo. Non hanno voluto valutare con competenza un bambino, certo più particolare che anormale, com'era Edo e dargli ciò di cui aveva e sentiva bisogno. Tutto schematizzato, bloccato da paletti inamovibili, ordini e orari ferrei e volti solo a un tranquillo svolgimento delle lezioni come loro le avevano impostate in maniera tradizionale non lasciando un po' di spazio alla manovrabilità e a vedute più aperte. Nessuna dilazione o dubbio, nessuna deviazione di binario o elasticità da ciò che era stato impostato in anni d'insegnamento; ogni cosa fatta con i paraocchi, per non dire in maniera ottusa. Non c'era spazio per pensieri nuovi, aperti o azioni più mirate e coinvolgenti che non fossero quelle delle loro metodiche già validate e forse, antiquate.

Vien da chiedere: non si tengono annualmente, per le maestre, dei corsi di "aggiornamento" mirati anche alla psicologia infantile, alla psicopedagogia, in generale ai comportamenti infantili e, chiamiamole così, anche alle problematiche che possono insorgere nell'incontrare bambini con caratteri diversi che richiedono attenzioni non standardizzate e più finalizzate proprio perché i bambini non sono robottini tutti uguali? Siamo nel 2022, a quante maestre viene in mente, anche solo per curiosità, se non per migliorarsi, di prendere in mano un libro di psicologia, di informarsi a fondo come approcciarsi con i bambini di "oggi"?

In questo campo sono stati fatti passi da gigante, scoperta ampie, non si può restare ancorati su ciò che si è studiato a scuola, brevemente magari, tanti anni fa. Il mondo va avanti e cambia insieme alle menti, soprattutto dei bambini.

Come accennato, Edo era a livello di nozioni e maturità superiore alla media della classe e, quindi, per lui in aula tutto era già svolto, già visto e appreso e di conseguenza la lezione si tramutava in noia e fastidio, che in qualche modo doveva scaricare e superare. Così, è vero, si alzava, parlava, andava a disturbare gli altri, a fare interventi non richiesti durante le lezioni e alfine "costringeva" le maestre ad azioni 'giuste', secondo il loro modo di vedere, come le punizioni e le note sul diario - lo spauracchio-, invece di aprire la mente per comprendere i motivi della sua irrequietezza. Nessuna ha perso tempo a capire la cosa più semplice, oppure non era rilevante per loro: che il bambino, cioè, aveva solo bisogno di essere capito, di essere più coinvolto e di avere compiti diversi e più adeguati alla sua maturità. Edo, spessissimo, tornava a casa deluso e arrabbiato, con continue note sul diario come conseguenza della sua iperattività, anzi per punirla, senza che, per mesi, qualcuna si sia posta il dubbio se invece di riempirlo di sgridate e note potesse approcciarsi differentemente.

Fare qualcosa che deviava dal loro iter collaudato per andare incontro al bambino avrebbe significato un impegnare di più sé stesse e perdere del tempo prezioso che non ritenevano di avere.

Non avrebbe dovuto essere invece uno stimolo in più da coltivare, un nuovo e importante progetto per loro, una sfida considerevole da cogliere e portare avanti notare una mente pronta ad accogliere quanto potevano dare, accudirla, aiutarla e farla sviluppare al meglio? Non sarebbe stato anche un punto a loro favore, un orgoglio, coltivare e far sbocciare sotto la loro guida un'intelligenza particolare invece che tentare di bloccarla?

Oppure devo pensare che, le maestre non fossero proprio all'altezza di capire il piccolo e sorvolavano, sperando che quello che ritenevano un problema, non un'opportunità, si risolvesse da solo. Hanno fatto gli struzzi, era molto più semplice scaricare il tutto con una nota, così il problema veniva spostato sui genitori che, si auguravano, avrebbero punito a dovere il bambino per fargli cambiare atteggiamento, quando invece era il loro approcciarsi che avrebbero dovuto tentare di cambiare e non lo hanno capito.

Sono seguite sgridate e richieste al bambino di cercare di essere "più bravo" in aula e di obbedire alla maestra, di ascoltarla con attenzione e non distrarsi - assurdo-. Il mio spassionato consiglio a loro, da profana, è stato da subito quello di impegnarlo di più, di dargli qualcosa di stimolante da fare in modo da tenerlo occupato e sicuramente lui non sarebbe stato il disturbatore "seriale" che volevano farmi credere e come lo avevano etichettato. Ma tutto ciò sembrava irrealizzabile per l'insegnante, non intenzionata a mettere in discussione sé stessa e neanche il suo intoccabile metodo d'insegnamento o darsi un obiettivo in più. Nessun dubbio da parte sua sulla validità del suo lavoro - devo ricordare che solo gli stupidi non hanno dubbi e non cambiano mai idea? -, molto più semplice colpevolizzare Edo e scaricare su di lui e su di me, qualcosa che, ho capito poi, lei non riusciva proprio a intuire ed era ben lontana dal poterlo e volerlo gestire adeguatamente se non riusciva a prendere in considerazione strumenti alternativi e validi.

Lungi dal cambiare le cose sono peggiorate a mano a mano che il tempo passava. Sono seguite nei mesi continue richieste di colloqui con i genitori e le maestre, fino a dire a me, sua madre, di fare qualcosa e di punirlo seriamente -!?- per farlo rientrare nei binari giusti. La maestra disse, infine, che era stanca e riteneva Edo del tutto ingestibile. Per lei la giusta soluzione continuavano a essere erano le sgridate e le punizioni, anche corporali, come un secolo fa, e io mi chiedo se sia al corrente che tutto ciò rientra nel termine di "abuso e maltrattamento su minore" ed è considerato un reato punibile penalmente e, comunque, non è il mio modo di educare.

Io ho asserito in maniera chiara che potevo impegnarmi quando lui stava con me, tuttavia, era impossibile intervenire nelle ore scolastiche quando era affidato a loro e, che, in quanto insegnanti e educatrici dovevano avere la competenza e i 'metodi giusti' per capirlo e gestirlo, andare a fondo al problema se di tale si trattava e nella maniera più idonea. Inoltre, sgridate, punizioni e note erano ovviamente un canale del tutto pleonastico e da evitare e si doveva cambiare modo di procedere. Non era anche quello il loro ruolo, l'obiettivo dei loro studi e non erano state ritenute idonee, anzi abilitate ad esercitarlo? La maestra, imperterrita, si trincerava sempre dietro la stessa trita giustificazione: il piccolo era ingestibile e come ultima ratio avrebbe richiesto una "maestra di sostegno" dedicata a lui perché il mio bambino "non era normale" e aveva bisogno di un aiuto particolare e dedicato. Edo, dunque, aveva bisogno di aiuto - o ne avevano loro? - e pur se le maestre erano più d'una non ce la facevano a seguirlo né fisicamente né emotivamente.

Edo non era normale, dunque, secondo il loro illuminato parere, nessuna di loro ha parlato di competenza, comprensione, trovare i giusti strumenti per un bambino intelligente con tanta voglia di imparare come sarebbe stato giusto. Per me invece è stato subito chiaro che la necessità di richiedere la maestra di sostegno non era tanto rivolta ad aiutare Edo quanto perché loro fossero più libere di insegnare come desideravano e non intendevano "sprecare" il loro tempo ed energie con un bambino che giudicavano problematico con più bisogni di attenzioni e necessità. Una decisione alla Ponzio Pilato per intenderci; uno scaricare sugli altri le responsabilità per le quali, ricordiamolo, erano pagate e che avevano scelto loro di avere intraprendendo quel percorso di studi.

Nessuna incertezza su chi fosse ad approcciare male il problema e che loro non volessero capire cosa in realtà chiedesse Edo con tutti quei segni che erano solo una richiesta di aiuto 'a loro' in quanto insegnanti con esperienza e persone di riferimento. Magari aveva solo bisogno di un aiuto minimo che loro avrebbero potuto fornirgli senza sforzo, affrontandolo semplicemente in modo adeguato e cioè, attenzionandolo con pazienza, empatia e comprensione e facendo lavorare Edo in modo mirato e gratificante. Cose cui loro respingevano decise, con il risultato che il bambino da sereno e orgoglioso di sé stesso ha iniziato ed avere sfiducia in sé e negli altri e a sentirsi incompreso e stupido.

Quando un bambino comincia a sentirsi inadeguato e "sbagliato", quando perde il sorriso e sente di non valere nulla, significa che è stato lui a fallire o hanno fallito gli adulti che interagiscono con lui? Maestra non crede anche lei che dovrebbero essere gli educatori a doversi interrogare e fare un po' di autocritica per capire se e dove hanno sbagliato e chiedersi quale possa essere l'approccio più adatto per accogliere le diversità dei bambini, o i disagi, e accompagnarli in serenità nel loro percorso di cresciuta?

Il mio bambino ha iniziato a cambiare caratterialmente sotto i miei occhi, e non in meglio: perché la maestra non lo ascoltava e lo ignorava volutamente, oppure perché si arrabbiava con lui e criticava il suo modo di fare, lo faceva sentire diverso dagli altri e non in senso positivo, lo sgridava continuamente e lo costringeva a stare sempre seduto senza muovere un dito. Il bambino ci stava male, si sentiva incompreso, mortificato, pur volendo non sapeva come fare per accontentarle ed era diventato insofferente ai continui rimproveri che non sapeva come gestire.

Loro, invece, continuavano a rigettare le responsabilità su di noi e insistevano imperterrite a richiedere l'insegnante di sostegno, che avrebbe tolto loro un gran peso, tuttavia, a livello emotivo psicologico avrebbe penalizzato ancor più un bambino intelligente qual era Edo.

Tutto è andato avanti, tra alti e bassi, fino all'inizio di quest'anno, quando le maestre "preoccupate" per Edo insisterono a dire di portarlo da uno specialista che certamente avrebbe confermato il suo stato e la necessità di una maestra dedicata.

Ho chiesto ancora colloqui con le maestre, i dirigenti scolastici e una pedagogista; sono emerse alcune cose già note cui le maestre ignoravano caparbie: cioè che il bambino sapeva troppo per l'età, era più avanti degli altri e più intelligente e in classe senza nuovi stimoli si annoiava. La pedagogista ha affermato che una maestra di sostegno non sarebbe stata assolutamente la soluzione più adatta per lui. Sarebbe stato utile, bensì, affidargli dei compiti più mirati che lo impegnassero e stimolassero le sue doti specifiche. Ha sottoscritto i miei consigli, dunque, nonostante io sia solo una profana in quel campo.

Certo, sentendomi dire dalla maestra che il mio bambino non era normale non sono stata con le mani in mano. Ho fatto una rilettura profonda, consapevole e accurata del percorso di Edo e d'accordo con il papà abbiamo deciso di andare da uno psicologo e poi anche da un neuro psichiatra infantile. Il loro modo di approcciarsi con lui è stato efficace e delicato e il bambino non si è sentito sotto pressione nelle visite, al contrario rasserenato e accudito. Abbiamo approfondito per capire se effettivamente ci fosse qualcosa che non andava in lui, a livello psicofisico che magari andava attenzionato o che dovessimo controllare a fondo e curare. Eravamo consapevoli che dovevamo affrontare in modo mirato qualsiasi cosa fosse emerso.

La diagnosi degli specialisti è stata unanime:

"il bambino è normalissimo, molto intelligente e consapevole, più maturo della sua età, il suo livello di istruzione è superiore a quello medio che hanno i suoi compagni e ha bisogno di fare qualcosa di più e di diverso che lo appaghi e gratifichi. Bisogna fornirgli altri stimoli e incentivi. Sopprimere i suoi bisogni e la sua curiosità è altamente nocivo in questo particolare momento della sua crescita psicofisica; è necessario aiutarlo a soddisfare la sua voglia di imparare senza imporgli comportamenti contrari per bloccarla. Tali azioni anzi, potrebbero essere, oltre che errati, esiziali per lui."

Edo a scuola si sentiva incompreso, perseguitato, demotivato, annoiato, messo continuamente a tacere, chiuso in una bolla dove gli altri non erano capaci di arrivare perché neanche ci provavano, e nessuno riusciva a capire fino in fondo il suo disagio che veniva catalogato come troppa vivacità da sedare o anormalità. Le note sul diario, le sgridate e le punizioni erano solo pregiudizievoli per il suo carattere esuberante frenato nell'esprimersi, e quel periodo in cui erano state il suo pane quotidiano era stato molto dannoso e di nessun aiuto per lui.

Un'altra soluzione, secondo gli specialisti, sarebbe stata quella di fargli saltare un paio di classi, purtroppo il nostro sistema scolastico non lo prevede e deve attenersi a seguire l'iter imposto dal ministero.

Queste le opinioni degli specialisti.

Allora abbiamo iniziato a farlo seguire settimanalmente da uno psicologo e Edo è cambiato positivamente in breve tempo. Ha finalmente percepito che c'era qualcuno che capiva che lui non era strano, malato, diverso in senso negativo e lo comprendeva. E allora ha iniziato a uscire nuovamente dal guscio nel quale era stato costretto a chiudersi, ad avere più fiducia in sé e negli altri, a ritrovare la sua serenità, il suo equilibrio e la sua tranquillità. Naturalmente tutto si è esteso a macchia d'olio sul suo comportamento sia a casa sia a scuola.

Ho fatto, quindi, un chiaro discorso con la maestra facendole capire la situazione e come sarebbe stato meglio seguirlo in classe secondo lo specialista e la pedagoga, senza alcun ricorso a una maestra di sostegno- bocciata da tutti- per sostenere e migliorare le sue qualità e la sua attenzione senza sopprimerle né fargli del male e aiutarlo veramente.

Desidero anche evidenziare la reazione del bambino alle sedute con la psicologa e il suo gruppo. Il sorriso è tornato a illuminare il suo viso, era contento come non era da tempo e quando mi ha detto:

"Grazie, mamma che mi avete mandato a parlare con queste persone, per la prima volta mi sento capito da un adulto che non siano i miei genitori. Mi hanno fatto parlare e mi hanno ascoltato, capiscono le mie emozioni, ciò che sento e come io sono, mi sento meglio e non un bambino diverso dagli altri, da curare o solo da punire.", mi sono venute le lacrime agli occhi.

Incredibile quanto poco ci voglia in un senso e nell'altro per far del bene, o del male, a un bambino e alimentare di nuovo in lui il fuoco della speranza.

Dopo un lungo periodo critico e molto impegnativo dal punto di vista psicologico per un bel po' le cose a scuola sembravano migliorate. Niente più note, Edo era più sereno, aveva un carico di lavoro adeguato, era anche più calmo perché più impegnato, e si applicava con soddisfazione, era libero di esprimersi e si sentiva gratificato, finché... purtroppo c'è stato di nuovo un grande problema.

La maestra di matematica di Edo, che ormai era edotta sul comportamento da adottare con lui e ci si applicava senza ulteriori discussioni né interferenze, si è dovuta assentare per motivi personali per un certo periodo e la sua sostituta, indifferente alle consegne, che non so ci siano state o meno e che sarebbe stato doveroso lasciare, ha pensato bene di usare la sua intraprendenza e agire a modo suo.

Forse ha pensato di essere più che competente dato il suo lungo periodo d'insegnamento - quantità non sempre è sinonimo di qualità - e di non avere bisogno di consigli oppure di esserne superiore, quindi, di sua sponte ha cambiato nuovamente l'approccio nell'insegnamento al bambino. In pochi giorni ha annullato i risultati ottenuti portando Edo ancora una volta ad alimentare il suo disagio, facendo precipitare ancora la situazione trasportandolo di nuovo in un girone infernale peggio di prima. Premetto anche che questa insegnante ha una certa età (non che l'età sia un'aggravante dal momento che l'altra era giovane e comunque ci ha fatto dannare, ma potrebbe essere importante solo per ampliare il quadro). La signora è prossima alla pensione, dunque, e potrebbe essere piuttosto infastidita dal fatto di vedersela sottrarre, come tempistiche, giorno dopo giorno, e forse la sua speranza di ottenerla in tempi brevi si allontana con tutto ciò che ne consegue: delusione, demotivazione a livello lavorativo e stanchezza fisica. Aggiungiamoci anche il metodo di insegnamento probabilmente antiquato, inidoneo o assente, nonostante il lungo tempo dedicato all'insegnamento, la troppa sicurezza derivante dalla sua lunga esperienza e il risultato è stato che tutto si è ripercosso negativamente sull'andamento scolastico del piccolo. Obiettivamente niente di tutto ciò che ho detto, età, pensione che scivola via, veterana dell'insegnamento, esperienza trentennale etc non sono dati negativi che giustificano il suo atteggiamento, anzi sarebbero proprio motivi in più per un insegnamento migliore e consapevole a mio vedere, purtroppo, così non è stato in questo particolare caso.

In sintesi: rincominciano le note giornaliere sul diario come tempo prima, rimproveri pesanti, urla, pazienza latitante da parte sua che comincia a sbuffare sonoramente davanti a Edo per ogni cosa lui dica e fa, ad alzare gli occhi al cielo scocciata quando lo vede, quasi a dire "oh no per carità c'è anche oggi, me lo devo sorbire di nuovo!" atteggiamento ultra-scocciato e cose simili. Condotta non certo adeguata da tenere davanti a nessun bambino e viene subito notata sia da Edo sia dai suoi compagni di classe e che diventa pesante se reiterata ogni giorno in più modi e crea malumore in tutti. I bambini sono piccoli non scemi e vedono forse più di quanto un adulto vorrebbe e in ciò che trasmettono, sia verbalmente sia con la gestualità, anzi in tante situazioni sono molto più recettivi dei grandi, nonché più sensibili. È andata avanti così finché un giorno la maestra sostituta esasperata, non volendo, o non sapendo più come gestire Edo, oppure non essendo a conoscenza della situazione che stava a monte, ha optato per una decisione molto "illuminata". Superficiale e menefreghista, secondo me, anche lei alla Pilato. Ritenendo Edo, dal suo eccelso, rodato punto di vista pedagogico, un bambino molto "immaturo e più piccolo dei suoi otto anni che non 'meritava' di stare in terza", per liberarsene l'ha spedito in una prima classe. Secondo me questa decisione e il non aver capito la maturità del piccolo dice tanto sulla sua preparazione e sulla sua professionalità.

Ha lasciato Edo là ore a fare cose con bambini che lavoravano in modo semplice avendo appena iniziato le elementari. E non solo una volta, bensì per più giorni solamente per toglierselo di torno. La conseguenza è stata quella che si può facilmente immaginare. Edo naturalmente si è sentito umiliato, le prese in giro dei compagni perché lui andava in prima perché era piccolo e non capiva niente erano pesanti, e mio figlio ha iniziato a rifiutarsi categoricamente di andare a scuola, a piangere al momento di uscire di casa, a riferirmi ciò che faceva la maestra e di conseguenza voleva stare a casa per scappare dalla situazione mortificante. Come poteva sentirsi un bambino di otto anni, oltraggiato davanti ai compagni che, emulando il comportamento errato della maestra, infine lo avevano eletto bersaglio di ripetute prese in giro e risatine di scherno? Come poteva la maestra, l'educatrice, la curatrice, abbassarsi a mortificare un bambino e ritenere l'umiliazione uno strumento valido per correggere quelli che ai suoi occhi erano errori, non ponendosi un attimo nei panni del piccolo né facendo un minimo di autocritica né porsi un piccolo dubbio sul suo comportamento e capire che gli errori venivano da lei ed erano ben più gravi essendo lei il punto di riferimento, l'esempio da copiare, per i bambini. Dov'era la sua capacità di autocritica e comprendere che la sua rabbia e la sua frustrazione erano solo il frutto della sua incapacità nel trovare gli idonei strumenti per accompagnare e capire il bambino nel suo giusto percorso? Come non capire che spostare un problema non significava risolverlo e che così facendo dimostrava prima di tutto la sua incapacità nell'affrontarlo?

Questo e altri episodi simili, sempre negativi, usava la maestra e logicamente Edo si rifiutava di affrontare la situazione, che non poteva modificare e che naturalmente lo faceva sentire inadeguato e colpevolizzato davanti a tutti. Sentiva lesa la sua dignità e non se la sentiva di esporsi così. Io da mamma mi chiedo: un'insegnante, un'educatrice, una pedagogista, ma diciamo anche "una mamma" perché ricordarsi di essere anche quello quando si ha a che fare con bambini è molto importante, come può pensare a un'imposizione del genere verso un bambino senza immaginarne le conseguenze? Si è mai soffermata, maestra, solo un attimo a intuire ciò che poteva causare a livello emotivo un simile maltrattamento psicologico, perché di questo si tratta. Abuso psicologico! Come può una persona che dovrebbe insegnare, curare le menti dei piccoli, occuparsi di un bambino che dovrebbe salvaguardare a tutto tondo e non capire che tali azioni possono generare ansia, paura, stress, timore, vergogna, fino a creare in loro anche senso di abbandono, incomprensione, e portarlo alla chiusura in sé stesso? Come non capire che un atto simile viene metabolizzato in modo negativo da un bambino, visto come lesione del suo amor proprio, una penalizzazione, un degrado psicologico che non lo gratifica, bensì è penalizzante e agisce in modo traumatico sul suo benessere emotivo? A maggior ragione perché i piccoli non hanno sulle spalle l'esperienza di saper gestire tali sentimenti ed emozioni da soli - talvolta è difficile anche per gli adulti, anzi-? Ancor più se sono proprio le persone preposte alla loro tutela le prime a non insegnarglielo e a comprometterla?

Stress, paura, umiliazione influiscono sul benessere psicofisico dei bambini e sui loro fragili caratteri in formazione, condizionano negativamente il loro benessere emotivo incidendo anche sullo sviluppo di molte capacità in sviluppo e può portare all'aggressività o all'incomunicabilità.

Viene da chiedersi oltretutto: dov'erano le altre maestre e come mai non sono intervenute e perché anche quelle della prima lo hanno accolto in silenzio come fosse prassi normale? Perché nessuna si è premurata di parlare con la sostituta e confrontarsi insieme se una tale decisione potesse essere o no lesivo e abusante? Tutte d'accordo, su quel comportamento, superficiali o omertose pur intuendone la gravità? Colpevoli anche loro, infine o no? Magari un tempo era la prassi, ma un tempo si facevano tante cose ora ritenute errate, non si impara mai? Forse qualche bambino avrebbe riso per la trasferta in prima e si sarebbe divertito, ciononostante non sono tutti uguali tanto meno sono delle macchinine che si possono caricare e via.

Torniamo a Edo: a quel punto sono dovuta intervenire nuovamente in modo drastico, chiedendo colloqui con il dirigente scolastico, invii di e-mail, lettere, richieste di confronti, anche con tutti i genitori degli altri bimbi e con i rappresentanti di classe per capire cosa stesse succedendo e capire se fosse il caso intervenire e come verso la maestra. E, abbiamo scoperto, non era più solamente un problema circoscritto a Edo, ma si era esteso ormai a tutta la classe e tutti i bambini erano scontenti e demotivati oltre che impauriti dalle azioni della supplente. Il modus operandi della signora, nonostante la sua "lunga esperienza d'insegnamento", aveva effettivamente ben poco di quello che deve o dovrebbe avere una brava insegnante. Era rigida, autoritaria, impaziente, dai modi scostanti e irritati e per nulla pedagogici né volti ai bisogni dei bambini. Metteva note a tutti, punizioni del tipo: facce contro il muro, li faceva uscire a perdere tempo in bagno o fuori dall'aula, dietro la lavagna, spedizioni nelle classi inferiori e altre di una varietà sorprendente. Appurato ogni cosa, noi genitori, abbiamo minacciato di agire in ogni modo necessario e di non mandare più i nostri bambini a scuola finché in aula fosse stata presente la maestra in questione.

Dopo la nostra lettera, intendo di tutti i genitori di tutti i bambini della classe che si sono uniti a me, perché infine tutti coinvolti, e aver ascoltato i genitori e i bambini su ciò che succedeva in aula, il dirigente scolastico ha preso la decisione di allontanare l'insegnante. Mi chiedo, tuttavia, che cosa significhi e che cosa porterà nel futuro se non che altri bambini in un'altra classe o in un altro istituto dovranno sottostare al suo insegnamento inadeguato, antiquato e guidato dal suo carattere inadatto a stare con piccoli da formare. Se quella dimostrata con i nostri bambini è la sua onestà intellettuale, continuerà come ha fatto finora fino al suo pensionamento perché dubito che, se dopo tanti anni, non è mai cambiata perché convinta di essere nel giusto, sia disposta a farlo ora nel suo ultimo periodo.

La sua assenza ha naturalmente tranquillizzato tutta la classe, che strano! I bambini ora vanno a scuola di nuovo sereni, anche se forse con ancora qualche timore che non siano finiti i loro guai e che prima o poi possa riapparire una maestra come lei. Capiterà certo, ma noi e lo psicologo stiamo lavorando su Edo anche per fargli capire che nella vita ci saranno sempre degli ostacoli che dovrà imparare ad accettare e superare senza perdersi d'animo. Capirà, lentamente, che ci saranno sempre situazioni che non piaceranno e dovrà imparare a gestirle e a superarle, con pazienza e forza di carattere per crescere.

Edo ha terminato le sedute dallo psicologo, per ora, probabilmente decideremo per qualche altro incontro ancora per aiutarlo a stabilizzarsi perché lui non deve sentirsi un bambino diverso solo se dimostra di essere più vivace, più preparato o più intelligente di altri.

Alla fine, lo specialista e il gruppo stileranno una valutazione approfondita che comunicheremo all'istituto scolastico, inoltre sarà abbinato un programma definitivo di lezioni e studi dedicato e adatto al suo livello psicologico e intellettuale, basato sulle sue conoscenze aumentate e idoneo a uno sviluppo globale più consono. Gli insegnanti, tutti, si dovranno attenere scrupolosamente a tale programma, finché sarà necessario.

Tutto ciò perché le maestre all'inizio hanno tentato di rigettare ogni responsabilità del suo comportamento 'irrequieto', su di lui e su di noi facendolo passare per un bambino anormale invece di porsi delle domande mirate ed esercitare le loro competenze in modo più adeguato. Adesso, purtroppo per loro, si troveranno costrette a lavorare di più e a seguire pedissequamente un programma che forse si sarebbero evitate se fossero state un po' più disponibili e comprensive nei confronti di Edo, invece di affidarsi alle note e alla giustificazione di non poterlo gestire senza un aiuto in più.

Anche noi, come genitori, abbiamo le nostre responsabilità, ma genitori non si nasce e tutto impariamo sulla nostra pelle. Purtroppo, con il parto non ci viene fornito un libretto di istruzioni sulla genitorialità e come fare a educare al meglio i nostri figli e nessuno studia da genitore; nessuno lo fa, anche se con queste parole non voglio giustificare nulla. E comunque stiamo attenti ai nostri figli pur non avendo sulle spalle studi psicologici e pedagogici, come invece hanno- o dovrebbero avere -gli insegnanti che seguono percorsi adatti e approfonditi volti a seguire nel modo migliore i bambini affidatagli da un ministero che, secondo me, dovrebbe rivedere parecchie cose nell'ordinamento scolastico e nei diritti inalienabili che fanno acquisire agli insegnanti con un'assunzione definitiva, spesso superficiale.

Poche settimane fa abbiamo avuto la relazione definitiva del gruppo che segue Edo, accompagnata dalla sua scheda PDP -percorso didattico personale- che abbiamo dato 'sue mani' all'insegnante e inviato tramite Pec alla dirigente. Tuttavia, per due settimane non c'è stata risposta a nessun livello. Il loro silenzio penso sia già di per sé una risposta esaustiva che dice quanto tutti si preoccupino e si rapportino con premura con i problemi dei bambini, di Edo nello specifico. Dopo il secondo invio, chiedendo espressamente sollecita risposta, mi hanno rimandato a dopo le vacanze per un colloquio e speriamo si mettano definitivamente dei paletti sugli atteggiamenti delle maestre, anche sostitute, per non rischiare spiacevoli episodi come gli ultimi accaduti.

Edo sta molto meglio ora, anche se non mi illudo che tutto sia finito qui; la vita è un banco di prova continuo, una scala, e bisogna imparare a salire ogni gradino uno dopo l'altro con pazienza e costanza.

Cadrà ancora qualche volta, incontrerà ancora ostacoli piccoli e grandi, come tutti; avrà ancora a che fare con persone e caratteri sbagliati, qualcuno che se la prenderà con lui per un'infinità di ragioni anche sbagliate è normale.

Sta a noi stargli vicino per dargli forza e aiutarlo a rialzarsi, dargli fiducia e speranza, finché imparerà a essere forte di suo e ad andare avanti e farlo da solo, a volare con le sue ali, come fanno tutti.

Può essere che troverà ancora insegnanti che non sapranno insegnare che penseranno a loro stessi prima che a lui, tuttavia, con il tempo imparerà a difendersi, a corazzarsi, a capire cosa prendere e cosa lasciare di quanto gli viene fornito dai docenti e a sviluppare un suo carattere forte e deciso che lo farà camminare a testa alta e gli permetterà di esternare al pieno le sue potenzialità e raggiungere e realizzare i suoi obiettivi e i suoi desideri. Ciò che spero, per lui e per tutti i ragazzi nelle scuole, è che, però, ci sia più tutela, che i giovani siano più salvaguardati e non sia permesso a insegnanti inidonei e deboli di entrare in contatto con loro a prescindere del titolo o del diploma che presentano. Dovrebbero esserci più controlli e più severi prima di affidare a certi soggetti un incarico così delicato, perché è veramente delicato e importante insegnare alle elementari. Secondo me gli anni di studio per accedervi dovrebbero esser molti di più, più approfonditi e mirati di quanto non siano ora.

Non sarebbe male neanche stabilire emolumenti più adeguati e gratificanti per il loro impegno e per evitare che siano demotivati: più gratificazioni, più tutele, più aggiornamenti continui, e soprattutto, non più insegnanti di ruolo bensì conferme annuali dopo approfonditi esami e verifiche a tutto tondo.

La scuola dovrebbe investire molto di più a ogni livello se non vuole rischiare di vedere l'appiattimento e la scomparsa di un'istituzione importantissima e basilare per tutti.

Non è solo del mio bambino che parliamo, bensì, di tutti i nostri bambini, della loro salute psicofisica, del loro futuro e di quello del mondo e gli insegnanti dovrebbero essere più consapevoli delle grandi responsabilità cui sono portati, che non tutti vedono e che, comunque, non possono fingere di ignorare. Insegnare non è un lavoro come tanti è una vera missione e come tale deve essere affrontata, dal primo fino all'ultimo giorno. Con responsabilità, empatia, competenza e amore.

Antonella

***

Mi chiamo Aria Marea, sono stata studentessa oltre 25 anni fa ormai e, nonostante siano passati tanti anni, mi sia sposata, diventata mamma, affermata e quant'altro, se penso a un certo periodo passato al liceo ancora sento l'eco di quel disagio vissuto a causa di una professoressa che si riteneva bravissima, ma non riusciva a interagire con noi umanamente. La cosa bella è che ora, quando talvolta ne parlo, ne rido e ci scherzo sopra, ma allora non è stato molto divertente né facile viverlo e superarlo, forse perciò ora presto molta attenzione ai miei figli quando rientrano da scuola e cerco in loro ogni segno differente che possa essere indice di disagio o sofferenza. Inoltre, li sprono a raccontarmi qualsiasi episodio sia successo in aula, soprattutto se strano oppure li abbiano percepiti come abuso o ingiustizia.

Io sono stata, maltrattata, perseguitata, umiliata e quant'altro da una sola professoressa sin dal primo mese, mentre da tutte le altre ero portata da esempio. Questa disparità di trattamento mi ha destabilizzata un po', lo ammetto. Persino mia madre al primo colloquio si è scontrata con lei perché solo dopo poche settimane la prof. pretendeva di aver capito tutto di me e aveva usato con lei aggettivi che non rispecchiavano la mia realtà né la mia essenza.

Mia mamma l'ha zittita con la frase: "ciò che dice mi è nuovo, inoltre la bambina ha terminato le medie con un 'eccellente', tutti i professori erano fieri e contenti di lei, mi sembra strano che in un mese possa essere cambiata così tanto...!"

Avrebbe continuato, però, ha smesso perché papà le ha fatto capire, con un colpetto al piede, che non era il caso di inimicarsela. Che ingiustizia non potersi permettere di parlare con sincerità e confrontarsi apertamente per timore di ripercussioni.

Ciononostante, la prof in questione mi ha fatto veramente vedere i sorci verdi, non solo a me, veramente, bensì un po' a tutti, anche se aveva una particolare attenzione per la mia persona e forse ne ho sofferto più di altri perché più sensibile e attraversavo un brutto periodo familiare. La verità era che ero completamente terrorizzata da lei, andavo a dormire anche a mezzanotte e passa per essere preparata alle sue interrogazioni che mi devastavano. A volte il solo pensiero di andare a scuola e avere a che fare con lei mi bloccava, mi assaliva la nausea e talvolta arrivavo perfino a vomitare. Quante volte mi sono fermata sulla porta dell'edificio scolastico in lacrime trattenendo il desiderio che mi diceva di non entrare e scappare, supportata e stimolata dai compagni che mi incitavano ad avere forza e non dargliela vinta? Ho avuto giorni tremendi e faticavo a venirne fuori. Ancora faccio gli incubi su quel periodo. Sogno che devo studiare libri interi e non ho il tempo necessario e vedo lei con i suoi occhi malvagi che mi aspetta al varco con quel suo sorriso che somigliava più a una smorfia. Spesso, ancora, mi sveglio col fiatone.

Sono arrivata persino ad avere una brutta depressione a causa sua, che a momenti mi costava ben più che la perdita di un anno che ho dovuto ripetere e di un voto immeritato alla maturità dove ho fatto un esame da 60 e lode e non mi è stato riconosciuto a causa sua. E non è stato solo il giudizio dei compagni presenti all'interrogazione che potevano essere di parte. Mi è stato confermato proprio da un membro della commissione che ha ammesso che meritavo 60 che però non hanno potuto assegnarmi a causa della ferrea opposizione della mia prof. Me lo disse una professoressa, molto giovane e gentile, proprio nel corridoio della scuola vedendomi incredula e con gli occhi lucidi davanti ai quadri.

"Ti capisco, Aria, io non dovrei dirtelo, ma penso sia giusto che tu sappia, hai fatto un esame eccellente e meritavi il massimo, noi tutti eravamo d'accordo per un 60 e la lode, ma la tua professoressa, che era il membro interno, è stata irremovibile, non ha voluto sentire ragioni e infine abbiamo dovuto cedere. Per quale motivo ce l'aveva tanto con te!?"

Già vorrei saperlo anch'io prof, ero educata, rispettosa, studiavo, mi comportavo bene, tuttavia, per lei non era mai sufficiente e dal primo giorno aveva deciso che non andavo bene e che mi avrebbe ostacolata.

Che rivalse infantili, prof, chissà che cosa ne ha guadagnato, che magra soddisfazione penalizzarmi così a prescindere. Se penso che persone come lei sarebbero quelle che dovrebbero insegnarci, comprenderci, aiutarci e accompagnarci nella strada che porta verso la vita adulta e la maturità resto un po' disorientata. Io nonostante il dispiacere iniziale me ne sono fatta una ragione, in fondo un voto è solo quello, un episodio temporaneo è ciò che si sarà e si darà nella vita che conta, tuttavia, talvolta ripensandoci mi brucia ancora. Considero però quel fallimento come una vittoria perché io in quel frangente ho comunque agito, dato tanto di me, non mi sono fatta sopraffare e ho vinto su me stessa, anche se sull'onda di quello che lei mi aveva fatto ho avuto dei momenti in cui avrei potuto abbandonare tutto e chiudere anche con la scuola. Io sona caduta però mi sono rialzata, sono andata avanti e sono arrivata fino in fondo, sono stata più forte anche di lei, ho dato un bellissimo esame dimostrandole quanto si sbagliava sul mio conto. Anche la contrarietà del resto della commissione verso di lei è stata una mia vittoria, e nonostante il risultato e il modo in cui sono stata giudicata da lei, alfine non mi ha tolto niente e ho vinto ugualmente. Chi ha perso invece, è stata lei - anche se non credo non ci abba dormito – che davanti a tutti i suoi colleghi ha dimostrato la sua pochezza e la sua vendicatività infantile. Ha reso palese che non basta essere adulti per essere maturi se si gode nel cercare di togliere dignità agli altri, soprattutto ai ragazzi che dovrebbe proteggere e di cui dovrebbe essere fiera per i risultati ottenuti. Io non dovevo dimostrare niente a nessuno se non a me stessa e l'ho fatto, il voto era la valutazione altrui inficiata da tante variabili, anche poco obiettive, che non ha cambiato quello che io ero e sono: una bella e brava persona. Se qualcuno, lei, mi ha visto in modo distorto pazienza, avrei dovuto capire subito che era lei non io la persona carente, ma allora ero troppo giovane per capire certe sottigliezze. Forse la sofferenza mi ha dato un vantaggio superiore e non ha cambiato ciò che sono e ciò che valgo, il contrario anzi. Lei cara prof sa che addirittura la mattina dello scritto è venuta da me la professoressa Albi chiedendomi se le davo la versione finita da passare ad alcuni compagni che erano in difficoltà? Le giunge nuova vero, perché sarebbe venuta da me se ero una nullità come lei voleva farmi credere? E ho portato anche fisica all'orale ricevendo i complimenti da tutti... meno che da lei che rosicava e non vedeva l'ora di punirmi negandomi il voto che meritavo. Un voto che, in definitiva, non è importante per dire chi io sono, ho detto, ma è anche vero che spesso è un passaggio valido per l'università, qualcosa che ancora aiuta a traghettare verso altri approdi, dove viene richiesto e pure conta, in alcuni posti o facoltà. Tuttavia, non ha inficiato la mia personalità e il mio sapere e penso sia errato giudicare con un voto numerico, che appunto non sempre è veritiero di ciò che si sa e si è.

Avrei fatto qualcosa di più o di diverso nella mia vita se avessi avuto quel sessanta e la lode che lei ha voluto negarmi? Ne dubito. Lei però ha voluto punirmi così, chissà per quale oscuro motivo. Spero se la sia goduta, io no, però ho superato anche quello, come tante altre cose nella vita, come succede e mi creda il suo voto non è stato la cosa peggiore, anche se allora mi sembrava così. Bisogna valutare ogni fatto nel proprio contesto, a posteriori è tropo facile. Lei era peggiore del voto prof e ora che ho tradotto in punti di forza le mie, chiamiamole debolezze, rido sul suo ricordo. Spero veramente che sia riuscito a farlo anche il ragazzo della A, che lei ha bullizzato talmente tanto da portarlo a compiere un gesto estremo, che per fortuna non si è tradotto in definitivo, e so che i genitori gli hanno fatto cambiare scuola per evitare che la incontrasse ancora anche per sbaglio e hanno infine sporto denuncia.

Sembra che in ogni istituto ci siano alcune insegnanti che dovrebbero essere non solamente trasferite, ma espulse completamente perché incompetenti; incompetenti non perché sfornite delle cognizioni necessarie, ma perché non adatte all'insegnamento, prive di empatia e incapaci a forgiare giovani menti. Dovrebbe essere tolta loro la possibilità di stare a contatto con dei ragazzi perché "nuocciono gravemente alla salute" - com'è scritto sui pacchetti delle sigarette - e mandate a zappare la terra perché del tutto inadatte a fare altro. Gli studenti hanno bisogno di molto di più di quanto alcuni insegnanti possono o riescano a dare. Lei era una di quelle. Braccia sprecate in quel contesto e levate all'agricoltura, come si dice.

Lei professoressa si vantava di essere una persona molto istruita e precisa ed era talmente fissata che nei compiti in classe di italiano nelle parole che contenevano le lettere M e N contava le gambette per controllare se ne avessimo dimenticato qualcuna per segnarlo di rosso con due linee. Però poi era anche quella che a fine lezione con molta disponibilità nei nostri confronti ci diceva ammiccando: "mi raccomando ragazzi, se non avete capito e avete un dubbio poco chiaro che volete esserlo chiarito, me lo potete chiedere domani." Si ricorda? Pazzesco!

Terrorizzava tutti noi, soprattutto le ragazze e il periodo con lei sono convinta che lo ricorderanno in tante e non con molta simpatia. Ne è fiera?

La professione, il proprio dovere è qualcosa che quasi sempre si sceglie liberamente e allora mi riesce difficile capire perché non si esercita nel modo migliore e questo dovrebbe valere anche per qualsiasi professione si svolga.

Non penso che nel tempo sia cambiato tanto il rapporto degli studenti con i professori, in ogni istituto c'è quello che ha sbagliato professione secondo me e fa scontare la propria insoddisfazione agli studenti e intuisco che nulla cambierà mai nel nostro ordinativo scolastico, perché sembra che a nessuno importi veramente. Troppo vecchiume concettuale, troppa politica del diritto, del vostro naturalmente, mentre si dimenticano con superficialità i diritti dei bambini e dei ragazzi che si continuano ad abusare in vari modi, spesso in modo sotteso, indiscriminato e pure nell'omertà e nella connivenza di chi sta attorno.

Quando parliamo di abusi pensiamo più spesso a quelli sessuali, eppure il termine racchiude in sé una grande varietà di risvolti e torti che si perpetrano verso un altro essere umano in modo illecito e arbitrario in tantissimi campi.

Abusa anche un pubblico ufficiale che esercita indebitamente i poteri che gli derivano dal suo incarico e del quale spesso si approfitta anche a scopo personale e vessatorio: e un docente è un pubblico ufficiale, tuttavia non significa che non abusi, anzi lo fa spesso e impunemente. Diventa molto più grave naturalmente quando l'abuso si perpetra soprattutto verso un bambino indifeso sia a livello fisico sia psicologico ed in entrambi i casi si ripercuote nella sfera opposta perché sono sempre connesse.
Per abuso s'intendono anche insulti, urla, umiliazione, ridicolizzare, umiliazione, le minacce e anche l'omissione. Sorvolare, evitare un comportamento corretto verso le esigenze dei bambini che può risvegliare emozioni negative e contrastanti può diventare un abuso.
A questo proposito in molti paesi esistono leggi severe rivolte a proteggere i bambini per

garantire la tutela della loro sfera sia emotiva sia psichica e fisica. Perché allora permettiamo con superficialità che nelle nostre scuole, ai "nostri" bambini, ancora accadano simili episodi, che potrebbero scatenare dinamiche traumatiche, nocive e talvolta letali? E sono convinta che ciò che emerge non sia che la piccola punta del classico iceberg e che di nascosto ci sia molto, molto di più perché, sempre per 'paura' non tutti denunciano e preferiscono dimenticare in silenzio.

"Ho finito", come direbbe un avvocato dopo la sua arringa, e non perché non ci sarebbe da dire altro sulla questione, bensì, perché ce ne sarebbe troppo. Noi genitori dovremmo essere più uniti e più coraggiosi per il bene dei nostri bambini, dovremmo alzare la voce e farci sentire anziché scappare. Alzarla per lodare e gratificare chi merita e denunciare più apertamente i torti, invece, talvolta, ci facciamo intimidire.

Aria Marea

***

Mi chiamo Erin, ormai sono adulta e laureata e il semplice episodio che racconto, sarà sovrapponibile a tanti altri e mi riporta a tanti anni fa, quando frequentavo il liceo artistico che poi mi ha portato alla facoltà di architettura. Il mio vissuto non rimanda a maltrattamenti, anche se ci sono stati miei professori che hanno infierito indegnamente su alcuni di noi, soprattutto su quelli più deboli, fragili, sensibili e timidi e sarebbero stati sì passibili di denuncia. Anch'io per un certo periodo ho sofferto parecchio a causa loro poi ho trovato dentro di me una forza insospettabile che neanche sapevo di avere e ho iniziato ad affrontare gli avvenimenti con spirito diverso, facendomi scivolare un po' addosso le ingiustizie e prendendole solo come manifestazioni deviate di professori delusi e falliti che cercavano facili rivalse per sentirsi importanti mentre erano solo piccole persone prive di personalità. Ciononostante, ancor oggi quando vado a parlare con i professori dei miei figli sento dentro una sorta di timore, di soggezione, anche se, veramente, nessuno mi mette paura e infine parlo con loro apertamente, usando magari un po' di diplomazia, ma non tenendomi niente dentro perché ora si tratta dei miei figli. Questo stato d'animo mi dice che se pure ho superato egregiamente il loro comportamento vessatorio a suo tempo, qualcosa sia pur lieve è rimasto dentro di me, a ricordare che ogni trauma, anche superato, lascia dei piccoli segni dentro di noi.

Di solito si parla male dei professori che arrivano in classe per fare le supplenze, perché essendo precari talvolta tendono a impegnarsi al minimo. Io devo ringraziare proprio uno di questi, invece, se al liceo artistico ho imparato architettura in modo egregio. Non solo il professore supplente era bravissimo, onore a lui dunque, quando si merita si merita, ma soprattutto aveva un tale piacere nell'insegnare che le ore delle sue materie erano per noi tutti le più attese e più partecipate. Nessuno si distraeva, stava in ozio o guardava l'orologio aspettando la fine dell'ora. Io, personalmente, posso dire che bevevo ogni parola che usciva dalle sue labbra ed ero diventata bravissima. Il prof era molto giovane e talvolta faceva anche il provolone con noi ragazze, senza comunque sconfinare nell'illecito ed io devo a lui la mia passione per l'architettura e se riuscivo ed eseguire complicati progetti da università ancor prima di iniziare la facoltà. Per fortuna era sempre lui a sostituire la professoressa di ruolo che buon per lei, e per noi, era spesso assente. Tuttavia, la prof non accontentandosi delle assenze continue e prolungate quando si degnava di presentarsi in aula arrivava immancabilmente con un'ora di ritardo e per l'ora seguente ci assegnava da eseguire un progetto senza mai spiegare niente, perché lei aveva sempre dell'altro da svolgere per conto suo. Era comprensiva con noi, dico noi perché era un problema di tutti, ci assegnava dei voti adeguati al "nostro impegno" dopo? Assolutamente no! Pretendeva il massimo da noi questo sì, eppure un anno tutti, nessuno escluso, ci siamo portati la sua materia a settembre. Era lei a non lavorare e a non impegnarsi come avrebbe dovuto però penalizzava, a torto, l'intera classe e ciò succedeva anche nelle altre sezioni. Naturalmente quell'anno c'è stata una rivolta, in massa abbiamo concordato una spedizione al provveditorato, abbiamo denunciato l'episodio, iniziato una raccolta di firme in tutto l'istituto e chiesto provvedimenti seri verso la signora, che non merita neanche di essere chiamata professoressa.

Io allora e ora mi chiedo: perché da parte dei dirigenti scolastici non ci sono più controlli sull'operato dei professori che si permettono di agire impunemente come vogliono, anche scorrettamente e illegalmente? Ho detto 'illegalmente' perché non credo sia legale, ma un furto, percepire lo stipendio senza dare in cambio ciò per cui si viene retribuiti. Se tali soggetti, non parlo di tutti naturalmente, non hanno paura di niente e reiterano nel loro comportamento scorretto è perché sono convinti che nessuno li riprenderà o licenzierà? Come mai gli studenti non hanno alcun potere di portare all'attenzione dei dirigenti ciò che succede in classe, e soprattutto non hanno quasi diritto di 'essere ascoltati' una volta che si arriva a parlare con loro? Se si è tutti nella stessa barca -e nessun fattore dell'equazione esisterebbe senza l'altro- perché non poter avere dei confronti aperti sui comportamenti di tutti, docenti e studenti, e perché lasciare gli insegnanti ad agire in modo dittatoriale e gli studenti sempre a subite le loro volubilità fino a che non accade qualcosa di eclatante e si arriva ad atti peggiori e talvolta irreversibili? Oggigiorno, lo vedo con i miei figli, non è ancora cambiato nulla dai miei tempi.

Da allora sono passati circa ventotto anni, eppure, a giorni vado a "parlare", non ad aggredire, con un professore di mio figlio che è la fotocopia della mia professoressa di allora. Infierisce sui più deboli, li umilia, li terrorizza, riduce alcuni a vomitare e a svenire in aula dal terrore e l'ansia che crea in loro, non spiega, urla, mortifica, pretende il massimo e rifila solo brutti voti a prescindere dalla preparazione. Mio figlio non è tra quelli terrorizzati da lui, ma comunque non è valutato per ciò che merita perciò voglio sentirne i motivi e capire che cosa si può fare per invertire lo stato delle cose, anche se ho molti dubbi che con quel prof, a sentire i ragazzi, si possa 'parlare' e soprattutto capirsi dialogando civilmente.

MI chiedo perché 'ancora' si debba lasciare campo libero a certi professori che tutto fanno fuorché insegnare e giudicare obiettivamente i loro studenti. Perché non si organizzano degli incontri anche bimestrali, tra dirigenti, genitori, professori e studenti nei quali tutti possano parlare liberamente senza pericolo di rappresaglie? Almeno per tentare di venirsi incontro, chiarirsi e migliorare le cose, non solo per perdita di tempo, ma per tentare di costruire qualcosa di migliore. Quando riusciremo anche noi ad avere una scuola più aperta, propositiva e motivante? Non dovrebbero i ragazzi imparare ciò che non conoscono anche imitando i propri simili? Imitare i loro professori? Poveri ragazzi, che esempi, alcuni! Che cosa devo pensare sei i miei figli oggi affrontano anche loro a fotocopia gli stessi problemi, per non dire di peggio, che ho affrontato io e che pure hanno affrontato i miei genitori? Sono tre generazioni non pochi giorni, cosa è cambiato in meglio in tanti anni? Vorrei che qualcuno, se c'è, rispondesse a questa domanda e che cosa tutti insieme possiamo fare per cambiare qualcosa e far stare meglio tutti 'i nostri' ragazzi'.

Bisogna imparare a dar loro la libertà di essere sé stessi senza tarpargli le ali, di aiutarli a trovare la propria strada e percorrerla secondo il proprio passo, non uno imposto o obbligato da altri. Dovrebbero essere capiti, aiutati, spronati e guidati dai loro docenti, essere liberi d'imparare, anche di sperimentare e sbagliare, di credere in loro stessi e nelle proprie capacità, di esplorare il mondo e trovare in esso il proprio posto, liberi di essere liberi, come meritano di essere. Non meritano che ci siano a insegnare persone irresponsabili ed eticamente scorrette che, talvolta, hanno la maturità e la responsabilità sotto le scarpe e godono nel mortificarli e trattarli ingiustamente. Certi soggetti se non sono capaci di fare al meglio il loro dovere e usurpano il potere che gli viene accordato dovrebbero essere in grado di sapere che rischiano di andare a fare i loro comodi e a perpetrare le loro scorrettezze in altro ambito che non sia la scuola dove i ragazzi hanno tutti i diritti di imparare e crescere in serenità. Sarà mai così? Saranno sempre in balia di persone con caratteri deleteri e instabili, vendicative, con turbe ormonali, poco obiettive e demotivate?

Erin

Le lettere aperte riportate sopra sono solo alcune delle testimonianze che ho raccolto nella mia ricerca tra i ragazzi e le mamme; ho scelto queste tra tante cercando di diversificare, tuttavia, le testimonianze sarebbero molte di più. Più di una è anche tragica con epiloghi piuttosto tristi e invalidanti che non riporto perché i genitori o i ragazzi non vogliono più vedere le loro sofferenze nero su bianco.

Alcuni di loro si sono aperti con me per sfogarsi, pregandomi dopo, di non segnalare i loro vissuti scolastici perché troppo personali e anche perché convinti che "tanto nulla cambierà" e questa è una delle convinzioni più tristi che devo segnalare. La delusione, la certezza intellettuale e morale che qualsiasi cosa si faccia sarà del tutto inutile, che qualsiasi cosa si dica nulla cambierà mai e che gli studenti - o gli insegnanti- dovranno sempre subire l'uno l'ira e l'inciviltà degli altri e viceversa, e ciò è orribile. È incomprensibile che non si possa remare tutti insieme e nella stessa direzione per un benessere comune.

Ho rispettato le loro scelte, naturalmente, e mi sono limitata a riportare quanto sopra che sono comunque episodi indicativi, alcuni più lievi, altri meno, e rendono un po' l'idea di quello che volevo far emergere, anche se di più ci sarebbe da rivelare.

Io, nel mio ottimismo e nella mia fiducia nel genere umano, però, non sarei così categorica nelle affermazioni negative e deluse che ho estrapolato e nonostante tutto voglio sperare che molto ci sia, e si possa fare per cambiare le cose in un senso e nell'altro e ci saranno risultati visibili e positivi se si agirà di più e se si inizierà a lavorare insieme per una scala di valori più importante e condivisa per il bene di tutti.

La famiglia e la scuola penso siano un buon punto di partenza; l'educazione, il rispetto verso tutti, la riscoperta di valori basilari perché le leggi da sole, per quanto presenti e importanti, non sono mai riuscite a fermare nessun istinto bestiale e scorretto. Neanche quella sulla pena di morte è un buon deterrente altrimenti nel mondo non ci sarebbero 465mila omicidi circa all'anno.

Come la "casa non è solo un luogo che si abita ma è quello nel quale si vive, si fa famiglia e si condivide con il cuore," pure la scuola non dovrebbe essere solo un posto che ospita momentaneamente e dove passare il tempo con altre persone o una tappa obbligata e noiosa. Dovrebbe essere soprattutto un posto dove ci si sente accolto, voluto, nel quale si partecipa, si vive e si cresce in sintonia con gli altri, oltre che imparare per il futuro di tutti. E questo dovrebbe coinvolgere tutte le parti in causa e spingerli a fare gruppo, a condividere, a curarsi e darsi l'un l'altro, nel pieno rispetto reciproco.

È molto triste pensare che molte persone, per svariati motivi vivano il periodo scolastico come una sconfitta sociale e personale e sono convinta che proprio la società dovrebbe attivarsi in modo pratico e continuativo per tentare di invertire la tendenza e rendere speranza ai giovani e alle famiglie. La scuola sta alla base di tutto nella società e bisogna investire di più, in ogni senso e a largo spettro perché senza scuola, senza menti aperte e recettive, senza buoni insegnanti, senza vero sapere non c'è futuro.

Bisogna lavorare insieme a stretto contatto perché qualcosa si può e deve cambiare nel rapporto tra gli insegnanti e i nostri ragazzi, in entrambi i sensi, e non è giusto adagiarsi sull'ingiustizia, sulla delusione, sul tanto è 'inutile' o 'non cambierà mai niente', e si va avanti passivi perché anche gli episodi più cruenti, infine si dimenticano, fino a che non succedono di nuovo, e ci si scandalizza e ci si indigna di nuovo, di dimentica ancora e poi ancora. Non è questo il modo per cambiare, bisogna affrontare tutto di petto e con coraggio, perché cambiare e migliorare si può e si deve.

E soprattutto si deve fare qualcosa di serio perché quella dei docenti è forse una delle professioni più belle e importanti che esistano ed è a loro che si affidano i nostri bambini e le loro menti che sono l'avvenire e la speranza del mondo. Non si può bullizzarli, umiliarli, picchiarli, ucciderli - in entrambi i sensi -e gli insegnamenti e i messaggi devono e possono essere differenti da quelli che alcuni danno. E anche viceversa.

***

Molte altre vicende vissute da entrambe le parti ci sarebbero da far emergere ed evidenziare, sono tante e dicono quanto sia diffuso nel nostro paese, e nel mondo, la 'mala scuola'.

È un termine finora usato per denunciare negligenze nella sanità: "mala sanità" e penso sia giusto capire che non si attaglia prettamente e solo agli ospedali, ma sovrapponibile anche nella scuola e sempre di salute si tratta, fisica e psicologica. Ancor di più perché si ha a che fare con la parte più delicata, importante e talvolta vulnerabile dei ragazzi: "le loro menti".

Non è da sottovalutare, tutt'altro.

Non ho intervistato insegnanti: come già detto è un argomento pure importantissimo che io ho solamente sfiorato e che, bisognerebbe trattare a parte. Per loro mi sono attenuta ad alcuni episodi di dominio pubblico, tratto da televisioni, giornali, social o racconti di amici.

Quelli che ho elencato sono sicuramenti argomenti divisivi, tutti importanti e non da sottovalutare, talvolta accompagnati da ignoranza e ipocrisia che possono assumere differenti dinamiche a seconda del contesto. Insegnanti veri e capaci di riversare empatia e affetto incondizionato contrapposti a vere e proprie manifestazioni di bullismo da far invidia ai bulli più giovani che stanno dall'altra parte della barricata e ai quali bisognerebbe insegnare quanto il loro comportamento sia errato.

Ho visto tante lacrime e dolore vibrante, al ricordo, tra i ragazzi con i quali ho parlato e non dimentichiamolo non sono solo i ragazzi degli altri, ma anche nostri, i figli delle maestre, dei professori, di chiunque sale su quella cattedra e pretende di insegnare e talvolta maltrattare. Ci si augura sia un ruolo che non si assuma con facioneria né leggerezza o superficialità, perché insegnare- "insignare" cioè "imprimere un segno" nella mente' di qualcuno'-, tutto dev'essere fuorché vacuità, superficialità o passatempo. Quando si ha a che fare con cuccioli d'uomo fragili o forti e pieni di aspettative bisognerebbe essere più consapevoli, coscienti e responsabili, sentire con il cuore i loro bisogni, comprendere, valutare ogni azione con maturità, competenza, estrema, responsabilità ed empatia. È chiedere troppo a quella che, mi auguro sia una minoranza d'insegnanti, di pensare in primis ai ragazzi, di trattarli come se ognuno fosse un loro figlio senza umiliarli né vessarli o minacciarli e, invece, dargli il meglio di sé stesso? Nessuno dovrebbe mai dimenticare il ragazzo che c'è in noi e ha di fronte, ricordando ciò che si è ha provato sulla propria pelle a sua volta, perché sono sicura che molti degli insegnanti, anche se non tutti con la stessa intensità, hanno vissuto dei momenti difficili a scuola, un tempo.

Tempo fa ho letto l'articolo di un giornalista-A.L. che riportava la condanna a tre mesi di reclusione a una maestra nella cui classe l'esperienza scolastica di diversi bambini da serena quale avrebbe dovuto essere si era rivelata un vero e proprio incubo. A pochi mesi dall'inizio dell'anno scolastico la maggior parte dei piccoli all'idea di andare a scuola manifestava gravi malesseri psicofisici quali: disturbi del sonno, manifestazioni di pianto incontrollate, incontinenza, intolleranza ai rimproveri, aggressività, apatia, rifiuto della realtà, rifiuto di andare a scuola e altro.

Interpellati più volte, alfine, hanno raccontato ai genitori i comportamenti aggressivi e irresponsabili tenuti in aula con loro da una delle due maestre -ancora mi chiedo perché l'abuso non è stato subito denunciato dall'altra? -. A quel punto da parte dei genitori, dopo essersi consultati tutti, è scattata prontamente la denuncia in sede idonea e da quel momento i vissuti scolastici dei piccoli sono diventati un caso giudiziario. Questo non è che un caso tra tanti simili, ce ne sono a centinaia e non tutti puniti. Da presunti maltrattamenti l'ipotesi accusatoria è virata in "abuso dei mezzi di correzione", ma è rimasto inalterato il quadro probatorio che si è basato sempre sui racconti dei bambini e sulle loro drammatiche esperienze. E proprio su questi episodi è stata comminata la condanna alla maestra. Tre mesi di reclusione nonostante fosse incensurata. E viene spontaneo chiedersi: dopo i tre mesi di assenza il comportamento dell'insegnante sarà cambiato o lei tornerà spavalda a scuola a insegnare e a comportarsi come aveva fatto in precedenza? Può una simile punizione cambiare un carattere forgiato negli anni?

E, ripropongo ancora, la collega omertosa e connivente, che è stata cieca e zitta mentre l'altra bullizzava i piccoli non è colpevole di niente? La responsabilità di chi sta vicino e vede i maltrattamenti non è da sottovalutare e resto sempre incredula quando nessuno, pur essendone testimone, interviene a fermarli in tempo e si arrivi più spesso a scoprirli solo quando sono i bambini a presentare problemi e sono resi palesi. Anche omettere, fingere di non vedere e sentire dovrebbe essere passibile di pena. I genitori non sono in aula e non sempre vedono o sanno oppure intuiscono troppo tardi a danno già avvenuto. Allora perché non è fatto obbligo a chi lavora a scuola ed è testimone di comportamenti deviati e abusanti, di denunciare subito gli abusi che vi si perpetrano? Per amicizia, per paura, per non andare contro i colleghi e per un'infinità di motivi certamente, mentre il primo, più importante e unico non dovrebbe essere: "il benessere dei bambini" di tutti i bambini?

***

Codice penale alla mano leggiamo che:
va sanzionato qualsiasi insegnante che adotta in aula con i bambini un metodo educativo rigido, coercitivo e autoritario. L'accusa è molto più ampia di quanto sembri. Non sono punibili, dunque, solo i maltrattamenti fisici e lesioni personali, bensì, l'imputabilità si estende fino a contemplare ogni conseguenza importante a carico della salute psichica del soggetto passivo, qual è un bambino. Sono compresi stati d'ansia, stress, disturbi del sonno e alimentari, incontinenza, depressione, paura, disturbi del carattere e del comportamento, tutti quelli legati alla sfera emotiva che talvolta sfocia anche nell'afasia, la perdita dell'uso della parola.

Non solo schiaffi e percosse, bensì anche le manifestazioni verbali eccessive, l'impazienza manifesta, l'irritazione, gli sbuffi verso i piccoli, l'agitare loro il dito davanti ai visi accompagnato da urli, spintoni, frasi mortificanti e offensive e minacce terrorizzanti rientrano nella sfera di "reato".

Il maestro che in quarta elementare minacciava di prendere la piccola per il fondo delle mutande commetteva un illecito ed era passibile di denuncia, tuttavia, sembrava rientrare nella norma e nessuno si lamentava, però ci sarà un motivo se io dopo anni lo ricordo ancora.

E altro ci sarebbe da ricordare perché gli abusi si perpetrano in vario modo e talvolta anche accompagnati dal sorriso sulle labbra.

Ecco un estratto dal C.P.

Chiunque abusa dei mezzi di correzione o di disciplina in danno di una persona sottoposta alla sua autorità, o a lui affidata per ragione di educazione, istruzione, cura, vigilanza o custodia, ovvero per l'esercizio di una professione o un'arte, è punito, se dal fatto deriva il pericolo di una malattia nel corpo o nella mente, con la reclusione fino a sei mesi. Se dal fatto deriva una lesione personale, si applicano le pene stabilite negli artt. 582 e 583, ridotte a un terzo; se ne deriva la morte, si applica la reclusione da tre a otto anni».

Perché se tutto ciò esiste nella nostra legislazione viene applicato raramente e non è uno spauracchio sufficiente a fermare gli insegnanti con un carattere instabile, e di per sé inidonei a insegnare, e troviamo ancora nelle aule dei nostri figli persone di tal tipo?

Inoltre, e questa è la mia personale considerazione, trovo ridicolo che:

"se ne deriva la morte, si applica la reclusione da tre a otto anni".

Questo vale la vita di un bambino?

Sarei propensa ad aumentare le pene e anche la sospensione ad vitam dall'esercizio per le persone condannate, visti i danni fatti ai piccoli che talvolta si portano appresso per sempre. Invece taluni soggetti si ritrovano a insegnare di nuovo e a reiterare nelle aule le loro azioni orribili, come se niente fosse e lo dico con cognizione di causa perché conosco diversi insegnanti, con denunce e condanne per gravi episodi, che ancora insegnano quasi non fosse successo niente d'importante.

Ho lasciato per ultimo, ma non perché meno importante, un argomento scabroso e deleterio che, ci illudiamo spesso, non sia mai collegato alle scuole e invece ci rendiamo conto sempre più di quanto ci sbagliamo. La scuola, anzi, ne è un luogo quasi ideale dove perpetrarli. Le azioni orrende degli orchi!

Gli abusi sessuali da parte degli insegnanti, come è successo a Adua e ad altre centinaia e centinaia di ragazze, ragazzi e piccoli. Ho voluto inserire solo il suo episodio, anche se ne avrei diversi altri e anche più gravi e con conseguenze terribili, perché non c'è bisogno di entrare troppo nei dettagli e ormai sono risapute le vicende che stanno attorno a questa piaga tremenda.

È inutile nascondere la testa sotto la sabbia perché è una realtà anche troppo risaputa, ed esistono più casi di quanti vorremmo pensare, benché già uno solo sarebbe di troppo. Siamo portati a credere che tali abusi accadano solo in realtà di degrado, in situazioni intellettuali e sociali disagiati, ma non è raro scoprire che avvengono a causa di amici, parenti, persino nelle famiglie cosiddette normali, senza nessuna distinzione di ceto e anche nelle 'scuole', infatti, proprio dalle persone cui sono stati affidati i piccoli e che dovrebbero proteggerli e difenderli.

Giorno dopo giorno invece di avere fiducia nel prossimo tali notizie mi portano a pensare a quanto sia marcia questa umanità, quanto le persone abbiano poco di umano e passo dall'incredulità all'indignazione. E quanto sia inconcepibile solo pensare che qualcuno possa sottostare a simili atteggiamenti su bambini anche di cinque sei anni o come si possa solo pensarli. La pedofilia è una malattia che si sviluppa di più e ha più presa in ambienti dove c'è più affluenza di bambini e ragazzi e allora dov'è la tutela, la responsabilità della società e delle forze dell'ordine verso i piccoli in questi luoghi? C'è chi riesce a difendersi da sola, come Adua, ma non è detto che neanche i ragazzi più grandi possano sempre farlo o ne siano capaci, come la sua amica. Certo è che i più piccoli quelli più esposti che neanche capiscono cosa gli si sta succedendo, sono anche i più vulnerabili. Chi pensa a loro, chi li aiuta a tenere lontano l'orco che si insinua nelle loro vite con lusinghe in modo subdolo e materiale? Dov'è la tutela nelle scuole, di chi la colpa della presenza di certi mostri in tali ambienti?

Ho letto qualche mese fa di un insegnante laico di religione arrestato dai carabinieri per aver abusato di piccoli di cinque sei anni. Il giovane era già era stato allontanato da un'altra scuola per "motivi sconosciuti", tuttavia forse facilmente intuibili. Pochi giorni fa un altro episodio fotocopia a carico di ragazzi di tredici quattordici anni. Il ministero continua a spostare maestri e docenti da una scuola all'altra spostando con loro il problema, senza risolverlo e senza portarlo all'attenzione di chi è veramente preposto a fermarli, mettendo in tal modo in situazioni di pericolo altri bambini invece di tagliare l'erbaccia alla radice. Perché non si possono licenziare certi soggetti, anche il sospetto dovrebbe essere sufficiente a fermarli, siano di ruolo a no. Non è sufficiente solo allontanarli, se si appura la colpevolezza, è necessario metterli in condizioni da non vedere più un bambino neanche in fotografia.

Ormai cosa accade ai piccoli, e anche ai grandi, abusati, non fa più solo parte dell'ambito medico, tutti possono informarsi e capire che le ripercussioni sulla sfera psicofisica sono tremende, orribili e il solo pensiero delle conseguenze fa venire i brividi.

A parte ciò che succede nell'immediato negli abusati, e che quasi sempre porta i genitori a far capire che qualcosa non va nei loro ragazzi, ciò che cambia per loro anche per il seguito della vita è pesante e distruttivo a livello psicofisico. Io, personalmente, per gli abusi in generale e sui piccoli in particolare, chiederei pene drastiche che rendano i mostri inoffensivi, alla pari di quanto è stato inferto all'abusato/a che quasi sempre sono rovinati per il resto della vita. Si pensi alla ferita che viene incisa nella psiche, oltre che nel corpo, di un bambino abusato, che si porterà incatenata a sé per sempre come un peso enorme. Nell'autostima che non sarà più la stessa, negli affetti rovinati, nel senso alterato di sé stesso e nei confronti degli altri. Tutto ciò che di riflesso avrà nell'adolescenza e nella vita adulta, della vergogna che sentirà in sé come una colpa e che sembrerà loro quasi visibile in chi li guarda. I rapporti falsati con il prossimo e con l'amore, la fiducia, fragile, che non avrà mai più un vero senso di normalità, l'instabilità, la dipendenza affettiva che sarà letta sotto un diverso alfabeto emotivo e affettivo. Eppure, tutto ciò che gli sarà negato a breve e a lungo termine non si può ridurre e determinare con poche parole perché saranno sempre solo una leggera parvenza di ciò che realmente l'abusato sente ed è. Penso che solo chi lo ha subito può capire fino in fondo i profondi traumi a ogni livello.

Gli abusi possono portare a un'esistenza completamente diversa da quella che sarebbe stata, cambia il presente e il futuro. L'abusato si può ritrovare a reiterare anche la violenza subita, arrivare a condotte autolesioniste e distruttive su sé stessi e su altri, a ricorrere all'uso esagerato di alcool o droghe per sfuggire ai mostri scatenati dagli abusi, alla prostituzione o promiscuità, oppure l'inibizione sessuale o all'alterazione per sempre dei futuri rapporti amorosi, fino al suicidio.

Ci sarà sempre una mancanza di normalità, privati della libertà di condurre una vita che sarebbe stata diversa, sentirsi dentro come marchiato a fuoco, qualcosa da usare e non più una persona, l'impressione di essere guardato in modo diverso come si portasse appresso un marchio inciso, segnati e devastati per sempre con una personalità compromessa e mai più equilibrata.

Tutto ciò e ben altro non giustificherebbe una pena esemplare per chi ha scatenato la diversità a cui sarà costretto l'abusato? Un omicidio è più grave? E il trauma psicologico non si scatena solamente per un atto sessuale conclamato, ma anche se il piccolo è solamente vittima di gesti morbosi ripetuti che nel tempo si riconosceranno pure come abusi.

Urlerei più tutela, tutela, tutela contro i mostri... ma serve?

Così come la ragazza nella scuola di Adua, abusata dal prof, ha preferito cambiare istituto e, senza volerlo ha protetto un mostro da giuste pene, anche i piccoli, spesso stanno zitti, sono omertosi, perché si portano appresso un carico di paura e vergogna, di inadeguatezza, di colpa e in seguito di senso di abbandono e sfiducia negli altri che gli impedisce di parlarne, quando non stanno zitti perché minacciati dall'abusatore. Oppure perché sviluppano una sorta di complicità e di devozione nei confronti del mostro, per la loro manipolazione, che li porta talvolta addirittura a difenderli. Ho letto che nella psicologia dei piccoli abusati scattano, per difesa, dei meccanismi che li portano a proteggersi dalle realtà orribili di una sopraffazione e finiscono per negarla o accettarla come se la meritassero. Talvolta addirittura identificandosi con l'adulto che ha abusato di loro, scusandolo e in definitiva proteggendolo, negando l'evidenza e isolandosi emotivamente. Così i soli indicatori per chi osserva, che potrebbe far capire loro cosa è avvenuto nel piccolo talvolta sono deboli, ambigui, devianti e potrebbe portare a non capire subito e non sempre si riesce a intervenire in tempo. Perciò ogni minima variazione caratteriale dei piccoli, anche se all'improvviso il piange troppo o è troppo zitto, sarebbe da esplorare subito e capire da che cosa è dovuta. Sia un piccolo maltrattamento psicologico, un lieve abuso caratteriale o qualcosa di più importante, tutto dev'essere fatto emergere, attenzionato e curato quanto prima.

Nessuno, a nessun livello deve permettersi di abusare un piccolo o un ragazzo, chiunque, e passarla liscia o avere come unica penalità di essere spostato in altra scuola, dandogli la possibilità di rovinare altri bambini. Chi è al di sopra di tutto da assumersi una tale responsabilità non è colpevole di favoreggiamento? Come può dormire sonni tranquilli? Deve solo sperare che quanto raccontato, l'orrore e i mostri, stiano lontani da tutti i bambini, sempre.

Come diceva Manzoni: "ai posteri…"

Ringraziamenti

Ringrazio veramente di cuore tutte le ragazze e i ragazzi che hanno avuto il coraggio di aprirsi con me, raccontato i loro vissuti e purtroppo, in alcuni casi, riportato a galla delle sofferenze, rivissute tra le lacrime per permettermi di mettere tutto per iscritto nel tentativo di portare l'attenzione su un problema annoso e grave, eppure mai risolto del tutto. Ringrazio soprattutto le mamme - ho scelto solo due vissuti molto significativi - per aver affrontato e raccontato nuovamente episodi mai sopiti né metabolizzati completamente, i loro tristi e sofferenti vissuti quali la perdita di una figlia, di un figlio, nella speranza di riuscire a fare qualcosa per i figli rimasti e ancora maltrattati o umiliati da persone troppo piene di sé per poter percepire un po' di tolleranza. Mi scuso per avere scavato in loro rinnovando la sofferenza e ringrazio tutti per la disponibilità dimostrata.

Ringrazio anche chi vorrà leggere la mia denuncia e portarla all'attenzione di altri con la speranza che veramente si arrivi a cambiare, in positivo, qualcosa nel nostro sistema scolastico e nel binomio docenti-studenti. Sempre per il bene dei ragazzi di noi tutti.

Ho cercato di riportare fedelmente gli episodi riferitomi, talvolta mi sono lasciata andare a espressioni e considerazioni personali quando mi sono sentita troppo coinvolta in ciò che altri hanno vissuto e me ne scuso con tutti. Ogni errore di qualsiasi tipo è attribuibile solamente a me.

Grazie e un abbraccio a tutti. Con grande affetto e riconoscenza per tutti coloro che hanno interagito con me.

 Caterina